Uli Zeller

Unsere 50er-Jahre

Uli Zeller

Unsere 50er-Jahre

Heitere Vorlesegeschichten für Senioren

schlütersche

Der Autor
Uli Zeller ist Theologe und arbeitet in der Sozialen Betreuung.

Bibliografische Information der Deutschen Nationalbibliothek
Die Deutsche Nationalbibliothek verzeichnet diese Publikation in der Deutschen Nationalbibliografie; detaillierte bibliografische Daten sind im Internet über http://dnb.de abrufbar.

ISBN 978-3-89993-988-0 (Print)
ISBN 978-3-8426-8959-6 (PDF)
ISBN 978-3-8426-8960-2 (EPUB)

Umschlaggestaltung: Kerker + Baum, Büro für Gestaltung GbR, Hannover
Titelbilder: iStock.com/simonidadjordjevic
iStock.com/George Marks
Satz: PER MEDIEN & MARKETING GmbH, Braunschweig
Druck: CPI Druckdienstleistungen GmbH, Erfurt

Inhalt

Vorwort

Liebe Leserinnen, liebe Leser,
Zeitgeschichte weckt Erinnerungen. Auch bei Menschen mit Demenz. Das wusste ich und hatte es bereits vielfach praktisch in der Betreuung von Menschen mit Demenz angewendet. Auf das Thema der 1950er-Jahre lenkte meinen Blick ein Anruf der Programmleiterin der Schlüterschen Verlagsgesellschaft: »Können Sie sich vorstellen, Menschen über ihre Erlebnisse in den 50ern zu befragen – und daraus ein Buch mit Geschichten zu machen?«, lautete die Frage an mich.

Zuvor hatte ich vor allem Erfahrungen mit erfundenen Geschichten gemacht, die ich für Menschen mit Demenz aufbereitet hatte. Daraus entstanden Bücher wie »Frau Janzen geht tanzen« oder »Lachen ist die beste Medizin«. Nun also sollen Geschichten entstehen, die auf Anstößen von Zeitzeugen beruhten.

Nun recherchierte ich Schlagwörter zu den 50er-Jahren: »Wirtschaftswunder«, »Rock 'n' Roll« und »Nierentisch« fanden sich auf meiner Liste – aber auch »Ratenkredit«, »Erste Waschmaschine« und »Volksaufstand in der DDR«. Passend dazu suchte ich im Internet Bilder von Petticoats, Schallplatten und Motorrollern und machte mich mit diesem Material auf zu den Zeitzeugen.

Die Zeitzeugen fand ich zum größten Teil, indem ich auf sie zuging und ansprach – in Cafés in unterschiedlichen Städten. Ich schilderte mein Anliegen und erhielt prompt viele wertvolle Anstöße. Zum Teil kamen auch Zeitzeugen auf mich zu. Denn in unserer Lokalzeitung SÜDKURIER wurde mein Anliegen erwähnt. Auch mein Arbeitgeber, der AWO-Kreisverband Konstanz, unterstützte mich bei der Suche nach Interviewpartnern. Ferner rief ich in meiner Kolumne »Uli & die Demenz« (diepflegebibel.de) auf, mir vom Wirtschaftswunder-Jahrzehnt des letzten Jahrhunderts zu berichten.

In vielen Gesprächen erfuhr ich mehr über die Zeit, die mir als 1976 Geborener nur vom Hörensagen bekannt war. Der Grundtenor: Es war eine schwere Zeit. Aber auch eine Zeit voller Aufbruchsstimmung.

Die Geschichten der 50er-Jahre in diesem Buch sind sehr positiv und vielleicht sogar »rosarot« wiedergegeben. Es geht in den Erzählungen und Aktivierungen auch ausdrücklich nicht um korrekte Geschichtsschreibung, sondern darum, schöne Erinnerungen zu wecken. Wenn etwas negative Erinnerungen wecken könnte, habe ich das entsprechend überarbeitet. So heißt die erste Geschichte des Buches »Die Steinschleuder«, obwohl der Interviewpartner mir eigentlich von einem Luftgewehr erzählt hatte. Doch meine Befürchtung ist zu groß, dass ein Gewehr negative Kriegserinnerungen weckt. Das soll hier aber nicht geschehen. Bei manchen Geschichten (z. B. »Der Kerzenschein« oder »Endlich zuhause«) musste ich aber das Thema Krieg erwähnen. Sonst würden die Geschichten keinen Sinn machen.

Daher bitte ich Sie, die Geschichten vorab in Ruhe zu lesen, damit Ihnen die Inhalte (etwa zum Thema Krieg) bekannt sind. Entscheiden Sie dann, ob Sie die jeweilige Erzählung in die Aktivierung aufnehmen möchten. Denn trotz aller Behutsamkeit könnten sie bei dem einen oder anderen Zuhörer negative Irritationen auslösen, was in der Regel mit den ganz persönlichen Biografien zusammenhängt.

Aus den Zeitzeugenberichten sind nun Geschichten geworden. Alles, was Sie in diesem Buch finden, hat mir jemand erzählt. Aber keine Geschichte hat sich exakt so ereignet. Im kreativen Schreibprozess habe ich verschiedene Berichte zusammengefügt oder auseinander genommen – damit am Schluss viele runde, in sich stimmige Geschichten entstehen. Zusätzlich gibt es zu jeder Geschichte kurze Aktivierungsvorschläge, die Sie im Gruppen- oder Einzelsetting einsetzen können aber nicht müssen.

Im Altenheim habe ich die Geschichten und Aktivierungen immer wieder praktisch verwendet und überarbeitet – bis alles gut verständlich und leicht anwendbar war. Sehr ermutigend fand ich die Kommentare meiner Zuhörer: »Ja, so war das« oder »Ich kann mich noch so genau erinnern«.

Dieses Buch soll Sie, liebe Leserinnen und Leser, in Ihrer Arbeit mit Senioren unterstützen – als Vorlesestoff, als Anregung für Gespräche und Aktivierungen sowie für die Biografiearbeit.

Wenn dieses Buch gut ankommt, kann ich mir vorstellen, dass es in einigen Jahren ein Buch mit dem Titel »Unsere 60er-Jahre« geben wird. Mit Geschichten aus dem Folgejahrzehnt – seien es der Kauf der ersten Beatles-Schallplatte, die Umstellung auf Farbfernsehen oder die Mondlandung. Haben Sie daher ein berührendes, lustiges oder tiefsinniges Erlebnis zu den 1960er-Jahren, schreiben Sie mir! Meine Adresse: BestZeller@gmx.net. Ich fange dann schon mal an, Geschichten zu sammeln.

Mein besonderer Dank gilt der Tanzschule Seidel in Singen, die alle Geschichten zum Thema Tanz aus Tanzlehrersicht begutachtet hat und die Idee für den Sitztanz »Lollipop« beigesteuert hat. Herzlich danke ich meinen Lektorinnen Claudia Flöer und Petra Heyde für die tolle Zusammenarbeit.

Zeitgeschehen

Die Steinschleuder

Klaus H. erinnert sich: »Seit 1953 hatte ich als Bäckergeselle bei einem Bäcker in Stuttgart gearbeitet. Wir haben Stuttgart mit Weckle, Hefezopf und Laugenbrezeln versorgt. Das war harte Arbeit für uns Bäckergesellen – Mehlsäcke schleppen, Ofen anheizen, Brot backen. Klar, das war anstrengend. Aber manchmal hatten wir dafür schon Pause, wenn die Fabrikarbeiter morgens zu Daimler, Bosch und Porsche aufgebrochen sind.

Eines Tages brachte mein Kollege Wolfgang eine Steinschleuder mit zur Arbeit. Die lag künftig immer in der Backstube. Wenn wir Pause hatten, schossen wir aus Spaß im Hinterhof damit – auf Flaschen, verkohlte Weckle und Brote. Eines Tages forderte Wolfgang mich heraus. Er sagte: ›Drei Schuss auf drei Flaschen. Wer gewinnt, bekommt zehn Pfennige. Schau nur, da vorn steht eine ganze Reihe von Flaschen.‹ Wolfgang legte einen Stein in die Schleuder, spannte und traf! Es stand eins zu null für ihn.

Ich schleuderte auf die nächste Flasche. Sie zersprang in tausend Scherben. Es stand eins zu eins. Wir schauten uns verschmitzt an und knufften uns freundschaftlich in die Seite. Bei dieser Gelegenheit vertraute ich Wolfgang meine neueste Nachricht an: Ich hatte eine Frau kennengelernt. Die liebe Monika, die sowohl klug wie auch praktisch veranlagt war. Ich war sehr verliebt und wollte sie heiraten. Da wies mich Wolfgang auf die schwäbische Lebensweisheit ›Schaffe, schaffe, Häusle baue – und net nach de Mädle schaue‹ hin. Dennoch erklärte er mir: ›Bau doch ein Haus für euch. Du bist jung und kräftig. Du kannst dein Häusle ja auf den Monte Scherbelino stellen! Du darfst bloß nicht zu viele Räume in dein Haus bauen. Sonst quartieren sie Flüchtlinge ein.‹ Er grinste, spannte seine Schleuder, schoss – und traf. Jetzt stand es zwei zu eins für ihn. Ich legte wieder einen Stein auf die Schleuder. Zisch. Und die zweite Flasche war kaputt. Es stand zwei zu zwei. Wolfgang bückte sich und hob einen Stein vom Boden auf. Mit voller Wucht schoss er. Und er traf die Flasche – drei zu zwei für ihn. Jetzt war ich wieder dran, zielte – und schoss daneben. Mist! Wolfgang hatte gewonnen.

›Was ist los?‹, fragte Wolfgang, ›du triffst doch sonst immer‹. Ich schaute ihn an: ›Aber heute nicht. Ich habe nämlich gerade eine Entscheidung getroffen. Ich werde tatsächlich ein Haus für Monika und mich bauen.‹

Da kramte Wolfgang in seinem Geldbeutel, grinste mich an, legte zehn Pfennige auf den Tisch und sagte: ›Wohlstand für alle, lautet die Losung dieser Tage. Ich habe zwar gewonnen, aber du hast noch viel vor. Hier hast du einen Groschen. Damit kannst du anfangen, dein Haus zu bezahlen.‹«

Aktivierungen

Quizfrage

Wer war während der gesamten 1950er-Jahre Wirtschaftsminister der Bundesrepublik Deutschland?

(Hinweis: Er war korpulent, trug eine Brille und rauchte Zigarren.)

- Konrad Adenauer
- Ludwig Erhard
- Theodor Heuss

Richtig ist: Ludwig Erhard

Hintergründe

Politiker der 1950er-Jahre

Ludwig Erhard (CDU) war von 1949–1963 Wirtschaftsminister. Sein Slogan als Wirtschaftsminister lautete »Wohlstand für alle«. Bekannt war auch Erhards Vorliebe für Zigarren. Davon rauchte er jeden Tag mehrere. Erhard gilt als Vater des deutschen Wirtschaftswunders.

Konrad Adenauer (CDU) war während dieses Zeitraums der erste Bundeskanzler der Bundesrepublik Deutschland. Er war der »alte Kanzler« der jungen Republik, denn als er das Amt des Bundeskanzlers antrat, war er bereits 73 Jahre alt. Dennoch war er noch 14 Jahre im Amt.

Theodor Heuss (FDP) war von 1949–59 der erste Bundespräsident. Heuss liebte es, seine Reden selbst zu schreiben. Daher wurde Heuss von den Deutschen entsprechend authentisch empfunden und im Volksmund liebevoll Papa Heuss genannt.

Monte Scherbelino

Noch Ende der 1950er-Jahre wurden Scherben, Steine und Ziegel von zerstörten Gebäuden aus dem Krieg zu Hügeln angehäuft. So auch der im Volksmund »Monte Scherbelino« getaufte Berg in Stuttgart. Ihn gibt es noch heute – jetzt »Birkenkopf« genannt und höchster Aussichtspunkt der Stadt. Auch in anderen Städten gab es sogenannte Monte Scherbelinos.

Wohnungszwangswirtschaft bis 1960

»Wohnungszwangswirtschaft« kann man auch mit »Einquartierung« umschreiben. Der Staat baute Wohnungen mit einer Mietpreisbindung. Bis 1950 wurden 500.000 Wohnungen neu gebaut; davon waren 400.000 gefördert.

Unter alliiertem Druck musste Wohnraum und Zwangsleistungen an Flüchtlinge abgegeben werden. Bei den Flüchtlingen, die nach Deutschland kamen, handelte es sich meist um sogenannte Sudentendeutsche, Ostpreußen, Schlesier sowie deutsche Minderheiten vom Balkan.

Gesprächsimpulse

Handwerk als Beruf

- In den 1950er-Jahren waren viele Männer in handwerklichen Berufen tätig. Was handwerkeln oder arbeiten Sie gerne? Mögliche Antworten: malen, backen, kochen, mauern, stricken, sägen, tapezieren, verputzen, gärtnern …

Beruf Bäcker

- Welche Zutaten kann man für ein Brot verwenden? Mögliche Antworten: Mehl, Zucker, Salz, Hefe, Wasser, Milch …
- Welche Mehlsorten gibt es? Mögliche Antworten: Roggen, Weizen, Dinkel, Gerste, Hafer …

Rätsel

Welche Zeitung ist das?

Sie besteht aus vielen Bildern und großen Überschriften. Die Zeitung gibt es in ganz Deutschland. Am 24. Juni 1952 erschien die erste Auflage in Höhe von 250.000 Exemplaren. Sie kostete damals zehn Pfennige. Ihr Name reimt sich auf »wild«. Lösung: Bildzeitung

Bewegung

Dosenwerfen

Mit der Steinschleuder auf Flaschen zu schießen, ist gefährlich. Aber versuchen Sie doch einmal mit den Senioren, mit einem Ball Dosen umzuwerfen. Sie können den Ball werfen oder rollen. Stellen Sie dafür eine oder mehrere Dosen auf. Bei genügend Teilnehmern kann auch ein kleines Turnier gespielt werden.

Bäcker-Pantomime
Wie bewegen Sie die Hände beim Teigkneten und Brötchenbacken? Führen Sie diese Bewegungen in einer Gruppe zusammen pantomimisch aus.

Henry und der Aufstand

Karin B. aus Berlin erinnert sich: »Wir lebten 1953 am Stadtrand und hatten einen kleinen Garten. Dort befand sich ein Gehege aus Maschendrahtzaun. Darin hielt mein Vater Kaninchen. Er war sogar Mitglied im Kleintierzuchtverein.

Ich denke an einen ziemlich heißen Sommertag zurück. Es war der 17. Juni 1953 – ein Tag, der in die Geschichte eingehen sollte. Doch ich ahnte von all dem nichts, sondern schaute morgens aus dem Fenster und sah das Loch unter dem Maschendrahtzaun des Kaninchengeheges. Und, dass unser Hase Henry fehlte, mein Lieblings-Karnickel. Henry hatte weiche, weiße, flauschige Haare – und schöne braune Augen. Nun war er fort. ›Papa, Papa‹, rief ich, ›Henry ist weg‹. Doch meinen Vater schien das nicht zu interessieren. Er saß im Wohnzimmer, hatte einen Kopfhörer auf dem Kopf und hörte konzentriert Radio. Wie ich erst später erfuhr, lauschte er RIAS, dem amerikanischen Sender, der an diesem Tag zum Aufstand im sowjetischen Sektor in Berlin aufrief.

Doch all das war mir egal. Ich hatte nur eine Sorge: Wo ist Henry? Von der brenzligen Stimmung im Osten des Landes bekam ich nichts mit. Erst später erzählte mir meine Tante aus

Mecklenburg von einer Kartoffelkäferplage zu dieser Zeit. Und, dass die SED verbreitete, dass die Amerikaner schuld an dieser Plage seien. Angeblich hätten sie nachts im Tiefflug Kartoffelkäfer über den Feldern abgeworfen … Auch ahnte ich nichts davon, dass Walter Ulbrich das Arbeitspensum in der DDR um zehn Prozent angehoben hatte. Ferner war mir nicht bekannt, dass die Menschen in der DDR für freie Wahlen demonstrierten. So wusste ich weder von den brennenden Kiosken am Potsdamer Platz und von den Schüssen vom Dach der Ministerien noch von den sowjetischen Panzern, die den Aufstand schließlich niederwälzten.

In meiner Welt drehte sich die ganze Sorge nur um eins: Ich hatte Angst um meinen Hasen Henry. Wo war er, das Kaninchen mit dem weichen Fell? ›Komm mit, Papa‹, rief ich, ›wir müssen doch Henry finden‹. Schließlich ließ mein Vater seine Kopfhörer sinken und ging mit mir in den Garten. Wir suchten in allen Winkeln. Es war keine Spur von Henry zu entdecken. Irgendwann jedoch begann mein Vater zu lachen. Er deutete in den Garten unserer Nachbarn. Und tatsächlich. Da saß Henry und knabberte in aller Ruhe am fremden Salat. Schnell schlüpfte ich durch den Zaun und fing den Hasen ein. Ich streichelte sein Fell und herzte ihn – mein Tag war gerettet.

Und wenn ich es nicht von den Erzählungen meiner Familie wüsste, würde ich vielleicht noch heute denken, dass die größte Sorge des 17. Juni 1953 ein entlaufenes Karnickel war.«

Aktivierungen

Quizfrage

Wofür stehen die Buchstaben RIAS des Berliner Senders?

- Radio im amerikanischen Sperrgebiet
- Rhythmus in allen Sektoren

- Rundfunk im amerikanischen Sektor
  Richtig ist: Rundfunk im amerikanischen Sektor

Hintergründe

17. Juni 1953

Am 17. Juni 1953 demonstrierten Bürger in der DDR gegen die Anhebung der Arbeitsleistung um zehn Prozent. Außerdem forderten sie freie Wahlen. Der amerikanische Sender RIAS rief daraufhin zum Aufstand im sowjetischen Sektor von Berlin auf. Der sowjetische Stadtkommandant verhängte den Ausnahmezustand, sodass sowjetische Panzer den Aufstand niederschlugen und dabei mehr als 30 Personen getötet wurden. Von 1954–1990 war der 17. Juni in der Bundesrepublik ein gesetzlicher Feiertag, der »Tag der deutschen Einheit«.

Planwirtschaft und Normenerhöhung in der DDR

Ab 1951 gab es einen Fünf-Jahres-Plan in der DDR. Damit sollte die wirtschaftliche und gesellschaftliche Entwicklung des Landes gesteuert werden. Anfang der 50er-Jahre stockte die Entwicklung der DDR. Also hob die SED die Arbeitsnormen an, um die Wirtschaft, den Staatshaushalt und schlicht die Ernährungssituation der Bevölkerung zu stabilisieren. Es gab aber auch Anreize für jeden Einzelnen: Belohnungen für besonders gute Leistungen, z. B. 50 Mark, ein Kofferradio oder den Titel »Held der Arbeit«.

Gesprächsimpulse

17. Juni 1953

- Wie haben Sie die Unterschiede zwischen der BRD und der DDR in den 1950er-Jahren erlebt?
- Haben Sie in der DDR jemals den verbotenen amerikanischen Sender RIAS gehört? Was hat ihnen daran gefallen?

- Wie haben Sie den Volksaufstand am 17. Juni 1953 erlebt?
- Wo befanden Sie sich, als der Aufstand losbrach?
- Wie haben Sie vom Aufstand gehört?

Pressefreiheit

- Pressefreiheit ist ein hohes Gut. Was für Ressorts kennen Sie aus der Tagespresse?
  Mögliche Antworten: Politik, Wirtschaft, Kultur, Lokales, Sport, Anzeigen, Unterhaltung, Wissenschaft, Reise …

Anzeigen in Zeitungen

Es gibt vielerlei Annoncen in Zeitungen – auch Heiratsanzeigen. Eine typische 50er-Jahre-Annonce in einer DDR-Zeitung könnte sich in etwa so angehört haben: »Näherin, 23 Jahre, marxistisch leninistisch gesinnt, sucht patriotischen Lebensgefährten mit Idealen.«

- Wie haben Sie Ihren Partner kennengelernt?
- Haben Sie jemals eine Partneranzeige aufgegeben und wenn ja, was stand darin?
- Was war Ihnen wichtig bei Ihrer Partnerwahl?

Flucht mit Gurken

Hermine O. aus Völklingen erzählt: »Ich bin in Chemnitz, Sachsen, mit meinen fünf Geschwistern aufgewachsen. Wir haben in einem schönen Eckhaus gewohnt, das vier Stockwerke und einen Zwiebelturm hatte. Wir waren vier Mädels und zwei Jungs. Wenn der Zeppelin vorbeigeflogen ist, sind wir immer in den Zwiebelturm hinaufgerannt und haben den Fahrern zugewinkt. Damals war ich etwa acht Jahre alt. Meine Kindheit in den Dreißigerjahren war schön und unbeschwert.

Später, nach dem Krieg, baute man im Osten Deutschlands vor allem repräsentative Gebäude: zentrale Aufmarschplätze, Verwaltungs- und Kulturhäuser. Die DDR-Nationalhymne »Auferstanden aus Ruinen und der Zukunft zugewandt« war eine Devise, die genau in die 1950er-Jahre passte. Im Osten wie im Westen. Denn viele Städte waren ja vom Krieg zerbombt.

Anfang der 50er-Jahre habe ich meinen Mann Fritz-Otto geheiratet. Damals war ich 21 Jahre alt. Wir sind dann über Berlin in den Westen geflohen. Fritz-Otto sagte: ›Wir machen ooch rüber nach'm Westen.‹ Er schrieb auf einen Zettel ›Wir sind jetzt weg‹, legte ihn auf den Küchentisch und auf ging es nach Berlin. In Ostberlin hatten wir Bekannte, die uns für eine Nacht aufnahmen. Als wir Richtung Westen aufbrachen, packten sie uns noch ein Glas Spreewaldgurken in die Tasche. Ein originales Produkt der DDR – von der Firma Golßen.

Die Flucht verlief schlicht, denn es gab ja die Berliner Mauer noch nicht. Wir sind in Ost-Berlin in die S-Bahn gestiegen. Am Bahnhof Friedrichstraße kontrollierten Volkspolizisten den Waggon. Eine Stimme aus dem Lautsprecher forderte die ›Bürger der DDR‹ immer wieder auf, den Zug zu verlassen. Denn dies sei nun die letzte Station im ›demokratischen Sektor von Berlin‹. Wir versuchten, möglichst harmlos vor uns hin zu schauen. Das klappte – irgendwann fuhr die Bahn weiter.

Im Westen sind wir dann in die nächste Polizeiwache gegangen. Mein Mann hat dem Polizisten gesagt: ›Wir gehen nicht mehr zurück.‹ So saßen wir einige Stunden im Polizeirevier. Schließlich bekam ich Hunger und fragte Fritz-Otto, ob wir nichts zu essen dabei hätten. Er zuckte mit den Schultern. Doch dann fielen ihm die Spreewaldgurken ein. Die verspeisten wir nun genüsslich, während wir im Polizeirevier warteten. Dabei mussten wir einen ziemlich glücklichen Eindruck gemacht haben. Denn alle Polizisten schmunzelten, die an uns vorbei liefen. Einer schenkte uns sogar eine Scheibe Brot. Spreewaldgurken aus dem Osten und trockenes Brot – das war unsere erste Mahlzeit im Westen!

Wir haben dann einige Jahre in einem Dorf bei Oldenburg gewohnt. Dann hat mein Mann eine Stelle in Völklingen im Saarland bekommen. Dort wohne ich jetzt schon seit über 50 Jahren. Und inzwischen ist Deutschland wiedervereinigt. Das freut mich sehr.«

Aktivierungen

Quizfrage

Nennen Sie die aktuellen Bundesländer, die aus den ehemaligen DDR-Bezirken entstanden sind.

Antwort: Sachsen, Sachsen-Anhalt, Thüringen, Mecklenburg-Vorpommern, Berlin, Brandenburg.

Hintergründe

Geteiltes Deutschland

In den 1950er-Jahren gab es zwei deutsche Staaten: die Bundesrepublik Deutschland (BRD) im Westen und die Deutsche Demokratische Republik (DDR) im Osten. Die demokratische Bundesrepublik bemühte sich um eine Vereinigung zu einem Deutschland. Die sozialistische DDR inszenierte sich als einziger deutscher Staat und errichtete massive Befestigungen entlang der innerdeutschen Grenze, die eine ungehinderte Ein- oder Ausreise in die DDR verhinderten. In den 1960er-Jahren wurde die Berliner Mauer als Grenzbefestigungssystem innerhalb des geteilten Berlins gebaut. Erst 1990 vereinigten sich die BRD und die DDR zu einem gemeinsamen deutschen Staat.

Saarland

Das Saarland gehört erst seit 1957 als Bundesland zur Bundesrepublik Deutschland. Von 1920–1935 unterstand es als Saargebiet dem Völkerbund, von 1947–1956 war es Frankreich unterstellt. Bei der Qualifikation zur Fußballweltmeisterschaft 1954 spielte die Bundesrepublik noch gegen das Saarland. Erst durch eine Volksabstimmung wurde es 1957 wieder deutsch.

Verse und Reime

Können Sie die folgenden Verse vervollständigen?

- Beginn der Nationalhymne der DDR: »Auferstanden aus Ruinen und der Zukunft zugewandt. Lass uns dir zum Guten dienen, Deutschland einig …«
  Antwort: » … Vaterland.«
- Eine Parole: »Der Pole hat die Kohle, der Russe das Licht, wir haben die Freundschaft, mehr brauchen wir …«
  Antwort: »… nicht.«

Tipp

Spreewaldgurken sind auch heute noch beliebt und in jedem Supermarkt zu kaufen. Besorgen Sie ein Glas und essen Sie die Gurken gemeinsam in der Gruppe. Belegen Sie damit Brote oder naschen Sie sie einfach aus der Hand.

Mit der Straßenbahn zum Abitur

Hans M. aus Frankfurt am Main erzählt von seiner Abiturprüfung: »Weil ich studieren wollte, habe ich nach der Ausbildung nochmal die Schulbank gedrückt. In Frankfurt gab es damals kein Abendgymnasium. Also bin ich mit dem Fahrrad nach Offenbach gefahren, um nach der Arbeit die Schule zu besuchen. Manchmal bin ich erst nach Mitternacht nach Hause zurückgekommen. Jeden Abend von Frankfurt nach Offenbach und zurück.

1959 hatte ich dann meine Abiturprüfung. Nach den vielen Jahren am Abendgymnasium habe ich mir gesagt: ›Zur Abiturprüfung gönne ich mir, einmal mit der Straßenbahn nach Offenbach zu fahren.‹ Gesagt, getan – ich zog meinen dunklen Anzug an, bin zur Straßenbahn und aufgeregt aber elegant gekleidet zur Prüfung gefahren.

Und alles ging gut – nach der ersten Aufregung konnte ich alle Fragen und Aufgaben gut meistern und kam erfolgreich durchs Abitur. Dennoch konnte ich mein Glück kaum glauben. ›Ich habe Abitur‹, murmelte ich immer wieder fassungslos vor mich hin. Zur Feier des Tages bin ich dann ins Wasserhäuschen und gönnte mir dort eine Flasche Hellinger Bier. Danach war ich ziemlich beschwingt und einfach nur glücklich, sodass ich anschließend noch ins Kino ging. Das hat eine Mark Eintritt gekostet – viel Geld für mich damals. Es lief der Film ›Wir Wunderkinder‹ mit Wolfgang Neuss und Wolfgang Müller. Im Film sangen die beiden ein beschwingtes Lied. Darin ging es um das Wirtschaftswunder und darum, dass sich die Läden langsam füllten. In dem Lied ließen sich die beiden Sänger über ›den deutschen Bauch‹ aus – der sich erholte und viel runder wurde. Frei nach dem Motto: ›Mit des Essens Hochgenuss – wächst des Bauches Radius.‹ Der Film nahm das Deutschland der 50er-Jahre aufs Korn.

Mit dem Glück über mein Abitur im Herzen und dem Alkohol meines Hellinger-Biers im Blut, habe ich mitten im Kino laut mitgesungen. Ich wusste in diesem Moment – wie nahezu alle anderen Kinder der 50er-Jahre auch: Es ist alles möglich.«

Aktivierungen

Hintergründe

Film »Wir Wunderkinder«

Der Film erzählt eine Liebesgeschichte aus dem Jahr 1958. Sie spielt in der Zeit des Wirtschaftswunders. Der Film setzt sich aber auch kritisch mit der Zeit des Nationalsozialismus auseinander.

Wasserhäuschen

Wasserhäuschen waren mehr als klassische Kioske. In diesen »Trinkhallen« konnte man sauberes Wasser und verschiedene andere Getränke bekommen. Dies war vor allem relevant, weil das Trinkwasser noch nicht so sauber und verfügbar war wie heutzutage.

Sprichworte

Lassen Sie die Redensarten zum Thema »Geld und Gold« vervollständigen. Die richtigen Antworten stehen in Klammern. Lesen Sie die Sprüche langsam vor und machen Sie eine Pause, wenn das Ende erraten werden soll. Kann Ihr Zuhörer die Redensart nicht ergänzen, vollenden Sie den Satz selber – ohne dem Gegenüber das Gefühl zu vermitteln, versagt zu haben.

- Über Geld redet man nicht – Geld … (hat man).
- Er hat Geld wie Sand am … (Meer).
- Es ist nicht alles Gold, was … (glänzt).
- Morgenstund' hat Gold im … (Mund).
- Reden ist Silber, Schweigen ist … (Gold).
- Sie macht ihr einen Strich durch die … (Rechnung).
- Er bringt sein Geld unter die … (Leute).
- Wiedersehen macht … (Freude).
- Wer den Pfennig nicht ehrt, ist des Talers nicht … (wert).

- Geld allein macht nicht … (glücklich).
- Der Arbeiter ist seines Lohnes … (wert).
- Geld regiert die … (Welt).
- Ohne Moos nix … (los).
- Er bezahlt es aus eigener … (Tasche).
- Er ist arm wie eine Kirchen-… (Maus).
- Er hat die Rechnung ohne den Wirt … (gemacht).

Post vom Bau

Paul H. aus Peine bei Braunschweig erzählt, wie es in den 50ern auf seiner Baustelle zuging: »Es gab viel Arbeit, aber den Begriff Stress kannte noch niemand. An einem Dienstagmittag mauerte ich gerade das Loch in einer Wand an meinem Haus zu. Plötzlich hörte ich hinter mir eine Stimme: ›Hallo Paule.‹ Als ich mich umblickte, sah ich Manfred, unseren Briefträger. Ich grüßte zurück: ›Hallo Manfred. Hast du gute Nachrichten dabei?‹ ›Das hoffe ich doch‹, antwortete er und überreichte mir einen Brief. ›Hast du etwas Zeit, Manfred, und magst ein Bier mit mir trinken?‹, fragte ich. ›Aber natürlich, für ein Bierchen habe ich immer Zeit‹, schmunzelte Manfred. ›Prima‹, rief ich, griff in die Bierkiste und öffnete ein Bier für Manfred und eins für mich.

Wir unterhielten uns über den Volksaufstand, den es in der DDR gegeben hatte, den verkürzten Samstagunterricht – und über den fetten Sonntagsbraten mit Soße. Damals haben unsere Frauen nämlich stets mit viel Fett und Sahne gekocht. Die Zeit verflog und wir tranken noch ein zweites Bier.

Dann redeten wir über Peter Frankenfeld und Peter Alexander und die aktuelle 12er-Wette. Schon öffnete ich die dritte

Bierflasche. Jetzt ging es um die neuen Nylon-Hemden und um den »Karnickel-Pass«. Dazu gab es einen Schnaps für Manfred.

Irgendwann kam Rolf von nebenan dazu. Er fragte: ›Kommt denn heute keine Post?‹ Manfred griff in seine Briefträgertasche und reichte Rolf einen Bündel Briefe: ›Bitteschön.‹ Auch Rolf trank einen Schnaps mit. Schließlich kam Gerhard von gegenüber herbei. Manfred wühlte in seiner Tasche und sagte: ›Für Sie habe ich nur eine Postkarte dabei heute. Aus Österreich.‹ Er überreichte ihm die Karte – und von mir bekam auch Gerhard einen Schnaps.

Rückblickend habe ich das Gefühl, dass die Menschen in den 1950er-Jahren einander zugewandter waren. Sie hatten mehr Verständnis füreinander und waren gelassener. Keiner der Nachbarn hatte es Manfred an diesem Tag übel genommen, dass er mit der Post bei mir hängen blieb. Sie kamen einfach rüber, holten ihre Briefe ab und tranken einen Schnaps mit uns. Es war eine anstrengende, aber auch beschauliche Zeit.«

Aktivierungen

Quizfrage

Wie nannte man im Volksmund den Rabatt bei Bahnfahrten für kinderreiche Familien?

- Familienrabatt
- Freie Bahn für alle
- Karnickel-Pass

  Richtig ist: Karnickel-Pass

Hintergründe

Karnickel-Pass

Familienminister Franz-Josef Wuermling initiierte 1955 den Rabatt für kinderreiche Familien. Sie bekamen ab dem dritten

Kind einen dauerhaften Nachlass auf Bahnfahrten – den sogenannten Karnickel-Pass, der übrigens bis Ende 1992 gültig war.

Thema

Post

Bringen Sie Postkarten mit. Idealerweise aus Ländern, die Ihr Gegenüber schon bereist hat. Betrachten Sie zusammen die Motive. Sie können die Postkarten auch nach Ländern oder Kontinenten ordnen – oder auf eine Weltkarte auflegen.

Bringen Sie eine Briefwaage mit. Wiegen Sie zusammen verschiedene kleine Utensilien aus dem Haushalt ab, z. B. eine Streichholzschachtel, einen Teelöffel oder ein paar Kaffeebohnen. Bringen Sie diese Gegenstände in Beziehung zueinander, indem Sie sie nach Gewicht ordnen. Sie können auch ein Quiz veranstalten und die Aktivierungsteilnehmer das jeweilige Gewicht schätzen lassen. Vielleicht lassen sich auch kleine Geschichten erfinden, in denen die Gegenstände vorkommen – das kann in einer Einzel- oder Gruppenaktivierung gemeinsam geschehen.

Bringen Sie verschiedene Briefe, Postkarten und Päckchen mit. Sortieren Sie diese gemeinsam nach Größe und Gewicht.

Werkzeugkiste

Bringen Sie eine Werkzeugkiste mit. Besonders bei Männern weckt das häufig Erinnerungen. Lassen Sie Ihr Gegenüber die Werkzeuge berühren, herausnehmen und sortieren. Wenn möglich, lassen sie sich erzählen, wofür die einzelnen Werkzeuge nützlich sind. Achten Sie aber darauf, dass sich in der Werkzeugkiste keine spitzen Gegenstände befinden (Verletzungsgefahr!).

Gesprächsimpulse

- Was haben Sie schon einmal selbst gebaut?
- Welche Ihrer Freunde und Nachbarn haben dabei mit angepackt und geholfen?
- Wie wurden die Aufgaben verteilt?

Der fehlende Zopf

Marita R. aus Rielasingen arbeitete 17 Jahre lang bei der Porzellanmanufaktur Goebel. Sie erzählt: »Ab 1953 habe ich bei Goebel gearbeitet und die berühmten kleinen Hummelfiguren mit gefertigt. Ich habe die Gesichter der Figuren bemalt. Eine Figur kostete 25,- Mark Das war viel Geld. Für manche Figuren musste man sogar 100,– Mark oder mehr hinblättern. Aber als Mitarbeiterin habe ich Produkte der zweiten Wahl günstiger bekommen.«

Sie berichtet: »Ich musste eine ruhige Hand haben, damit die Figuren gut werden, denn ich habe die Gesichter gezeichnet. Die Augen und die Wimpern, sowie die geröteten Bäckchen. Das war meine Aufgabe. Die Porzellanfiguren sind gegossen worden – und danach zweimal im Ofen gebrannt worden. Dann wurden die einzelnen Teile zusammengesetzt. Die fertigen Figuren haben sich gedreht und wurden dabei gespritzt. Elfenbeinfarbig. Das sieht aus wie Haut. Danach erst sind die Figuren bemalt worden. Insgesamt gingen die Hummel-Figuren bei sieben Mitarbeitern durch die Hände.«

Marita R. zeigt eine Mädchenfigur, der ein Stückchen vom Zopf fehlt. Ansonsten ist die Figur perfekt. Sie trägt ein braunes Kleid, darüber eine Schürze mit Blümchen, an den Füßen hat sie dicke Arbeitsschuhe und Socken. Das Gesicht ist fein gezeichnet, die Wangen leicht gerötet. Das Mädchen hat große

Augen und rötliche Haare. Die Haare sind zum Zopf gebunden. Und von diesem Zopf fehlt ein kleines Stück. Darum hatte Marita R. damals nur zwei Mark für diese Figur bezahlt.

Mit dieser Figur hat Marita R. eine besondere Geschichte erlebt. Sie sagt: »Ich habe meine Nachbarin im Krankenhaus besucht. Als Geschenk habe ich ihr diese Figur mitgebracht. Als meine Nachbarin wieder nach Hause kam, bemerkte sie: ›Oh nein, ich habe die Figur im Krankenhaus vergessen.‹ Sie fragte dort nach, aber niemand wusste, wo das Porzellanmädchen abgeblieben war. Doch ein Jahr später entdeckte ich es – auf dem Flohmarkt. Als ich dem Verkäufer die Vorgeschichte erzählte, schenkte er mir die Figur sogar. Er sagte, er habe sie gefunden. Ich freute mich sehr und habe sie dann zum zweiten Mal meiner Nachbarin geschenkt. Sie hat bis zu beiden Ohren gestrahlt.

Zwei Jahre später ist meine Nachbarin leider verstorben. Ihr Mann kam danach zu mir und sagte: ›Zwei Mal hast du meiner Frau diese Figur geschenkt. Und zwei Mal hast du ihr damit eine große Freude gemacht. Ich habe als Mann keinen Sinn für solche Dinge. Hummel-Figuren – das ist nichts für mich. Darum schenke ich dir die Figur wieder und hoffe, dass du damit viele schöne Erinnerungen an meine Frau verbindest.‹ So war es dann auch. Wenn ich die Figur sehe, denke ich an so manches Gespräch mit meiner Nachbarin zurück. Und ich freue mich, einen so fröhlichen Menschen wie sie gekannt zu haben.«

Aktivierungen

Hintergründe

Hummel-Figuren

In den 1950er-Jahren haben die Menschen wertvolle Dinge gesammelt: Teller und Tassen, Bettwäsche und Tücher. Ein beliebtes Sammlerstück waren auch die sogenannten Hummel-Figuren der Porzellanmanufaktur Goebel. Die Figuren waren so vielfältig wie die Menschen – es gab Kinder und Erwachsene, Männer und Frauen, Babys und Greise – mit Kleid oder Rock, Mütze oder Kopftuch. Manche haben auf Musikinstrumenten wie Geige oder Ziehharmonika gespielt. Andere hatten Tiere neben sich, etwa eine Ente oder eine Katze. Gefertigt wurden sie nach den Entwürfen der Ordensschwester Maria Inncentia Hummel.

Arbeit und Lohn in den 50er-Jahren

In den 1950er-Jahren arbeiteten die Deutschen neun Stunden pro Tag und sechs Tage pro Woche. Bereits so manch Vierzehnjähriger verbrachte neun Stunden am Schraubstock. Der durchschnittliche Monatslohn betrug 470,- DM. Für ein Kilo Rindfleisch musste man viermal so lange arbeiten wie heute – und für Kaffee neunmal so lange. Um sich ein neues Fernsehgerät leisten zu können, waren im Durchschnitt 42 Tage Arbeitsleistung nötig. Heutzutage sind es nur vier Tage. In den 50er-Jahren gaben die Bürger 40 Prozent ihres Lohnes für Lebensmittel aus. Heute sind es nur zehn Prozent. Kinder bekamen zwischen 1950–1960 rund 50 Pfennig Taschengeld in der Woche.

Gesprächsimpulse

Sammlungen

In den 1950er-Jahren wurde rege gesammelt. Von der Firma Goebel etwa gab es Hummel-Figuren und Hummel-Sammelteller.

- Was haben Sie im Laufe Ihres Lebens gesammelt? Briefmarken? Münzen? Gläser? Bierdeckel?
- Wo haben Sie Ihre Sammlung aufbewahrt? Im Schrank? In der Vitrine?

- Kennen Sie jemanden, der etwas ganz Ungewöhnliches gesammelt hat? Was hat er/sie gesammelt?

Haare und Zöpfe

Ergänzen Sie zusammen die Redensarten. Die Lösung steht in Klammern.

- Das ist ein alter … (Zopf).
- Er rauft sich die … (Haare).
- Sie hat Haare auf den … (Zähnen).
- Die Haare stehen ihm zu … (Berge).

Thema

Figuren, Püppchen & Co

In vielen Haushalten finden sich verschiedene Figuren, z. B. aus Porzellan. Bringen Sie solche Figuren mit. In der Adventszeit kommen auch Krippenfiguren oft gut an. Betrachten Sie die Gesichter der Figuren. Wie schauen sie? Wirken sie entspannt? Blicken sie fröhlich? Oder eher angestrengt? Was tun die Figuren gerade? Haben sie etwas in der Hand?

Der Kerzenschein

Heinz P. kehrte als Kriegsgefangener aus Russland zurück, wo er viel Trauriges erlebt hatte. Im Jahr 1956 war Heinz 28 Jahre alt und arbeitete als Werkzeugmacher in Rückersdorf bei Nürnberg. Gerne ging Heinz zum Tanzen. Die Musik von Elvis Presley und Little Richard gefiel ihm besonders. Da schwang er die Hüften und vergaß alle Sorgen.

Eines Abends saß ein unscheinbares, blondes Fräulein an einem Tisch im Tanzlokal. Heinz gefiel sie sofort. Er sagte sich aber: »Ich kann mich doch nicht einfach zu ihr setzen. Das traue ich mich nicht.« Er überlegt: »Schon komisch. Da habe ich schwere Zeiten überlebt und gedacht, dass es schon irgendwie gut gehen wird: Augen zu und durch. Aber so ein kleine blonde Frau macht mich unsicher.«

Schließlich überlegte er sich eine List: »Ich könnte ihr doch einfach in die Arme stolpern und mich so bei ihr bekannt machen.« Gedacht, getan: Er ging an der jungen Frau vorbei, stolperte, stützte sich an ihrem Stuhl ab und fiel vor ihr auf die Knie. Das Fräulein lächelte und rief: »Na, das passiert mir auch nicht jeden Tag – dass ein Mann vor mir auf die Knie fällt.« Da ergriff Heinz seine Chance und bat sie galant um den nächsten Tanz. Und schon drehten sich die beiden auf der Tanzfläche.

Ingrid hieß die junge Frau, wie Heinz bald herausfand. Nach weiteren Tänzen setzten sie sich an einen Tisch, auf dem eine Kerze flackerte. Sie unterhielten sich und schauten sich dabei tief in die Augen. Schließlich holte Heinz tief Luft und blies die Kerze aus. Ingrid rief: »Na, junger Mann. Scheuen Sie das Tageslicht?« »Oh nein«, antwortete Heinz, »bitte verstehen Sie mich nicht falsch. Ich habe keine üblen Absichten.«

Eine Weile lang schwiegen sie, bis Ingrid fragte: »Aber warum haben Sie die Kerze ausgeblasen?« »Wissen Sie«, erklärte Heinz, »die Kerzen erinnern mich an den Krieg. Immer wenn der Strom ausging, mussten wir bei Kerzenlicht sitzen.« »Oh, das tut mir leid«, sagte Ingrid. Heinz antwortete: »Sie können mir aber vielleicht helfen. Gehen Sie einfach häufig mit mir zum Essen aus. Im Kerzenschein. Dann hat Kerzenlicht für mich vielleicht bald eine viel schönere Bedeutung.« »Das will ich gerne tun«, antwortete Ingrid.

Das war tatsächlich der Beginn einer wunderbaren Liebesbeziehung – Ingrid wurde die Frau von Heinz. Zwar ist Ingrid früh an einem Krebsleiden verstorben. Aber Heinz sagt noch heute: »Wir waren 16 Jahre verheiratet. Das waren die wundervollsten Jahre meines Lebens. Und von Mal zu Mal habe ich beim Essen das Kerzenlicht mehr genossen.«

Aktivierungen

Quizfrage

Welches der folgenden vier Dinge ist kein Tanz?

- Foxtrott
- Rock 'n' Roll
- Petticoat
- Boogie-Woogie

Der Petticoat ist kein Tanz, sondern ein Kleidungsstück – ein weiter, gesteifter Unterrock.

Gesprächsimpulse

Tanz

- Waren Sie gerne tanzen?
- Welche Tänze kennen Sie?
- Welche Tänze haben Sie gerne getanzt?

Ergänzen Sie zusammen die Redensarten. Die Lösung steht in Klammern.

- Er lässt die Puppen … (tanzen)
- Er tanzt nach seiner … (Pfeife/Geige)
- Der Tanz um das goldene … (Kalb)
- Das ist ein Tanz auf dem … (Vulkan/Seil)
- Sie schwingen das Tanz- … (bein)
- Niemand kann auf zwei Hochzeiten … (tanzen)
- Wenn die Katze aus dem Haus ist, tanzen die Mäuse auf dem … (Tisch)
- Er tanzt aus der … (Reihe)

Bewegung

Sitztanz – einmal im Quadrat

- Setzen Sie sich mit den Teilnehmern bequem hin. Beide Beine stehen parallel auf dem Boden. Die Arme liegen entspannt auf den Oberschenkeln oder hängen herunter.
- Schwingen Sie mit dem rechten Bein einen Schritt nach vorne.
- Nun mit dem linken Bein einen Schritt nach vorne.
- Strecken Sie beide Arme zur Seite. Und legen Sie sie wieder auf die Oberschenkel.
- Mit dem linken Bein einen Schritt nach links.
- Mit dem rechten Bein einen Schritt nach links.
- Beide Arme nach oben strecken. Und dann wieder auf die Oberschenkel legen.
- Gehen Sie mit dem linken Bein einen Schritt nach hinten.
- Mit dem rechten Bein einen Schritt nach hinten.
- Beide Arme zur Seite. Und wieder nach unten.
- Mit dem rechten Bein einen Schritt nach links.
- Mit dem linken Bein einen Schritt nach rechts.

Wiederholen Sie die Bewegungen mehrmals.

Endlich zu Hause

Wilhelm M. aus Konstanz erzählt, wie er 1955 von seiner Gefangenschaft aus Russland zurückkehrte: »In wenigen Minuten sollte mein Zug in Konstanz ankommen und ich wusste nicht, ob ich mich freuen sollte oder nicht. Ich hatte ja keine Ahnung, was auf mich zukommen würde. 1943 hatte ich meine große Liebe, Madeleine, geheiratet. Beide waren wir damals 22 Jahre alt und hatten uns nur acht Monate vor der Hochzeit kennengelernt. Madeleine wurde schnell schwanger – doch dann erfuhr ich, dass ich in den Krieg musste. Aber davon will ich gar nicht mehr erzählen. Viel lieber erinnere ich mich an die schönen Dinge.

1955, noch im Zug sitzend, fragte ich mich zum wiederholten Male, was wohl aus Madeleine du unserem Kind geworden war? Ob ich sie noch finden konnte, schließlich hatten wir nahezu zwölf Jahre keinen Kontakt gehabt. Ob sie inzwischen einen anderen Mann gefunden hatte? Nach so langer Zeit hätte ich ihr das nicht einmal verübeln können. Sicher war sie davon ausgegangen, dass ich gefallen war und nicht wieder kommen würde.

Der Zug hielt. Ich stieg aus, schaute in alle Richtungen und holte tief Luft: der Bodensee – meine Heimat. Ich ging die Straße entlang. Nach der Hochzeit war ich ja ins Haus meiner Schwiegereltern mit eingezogen. Madeleine und ich hatten dort ein Zimmer bezogen. Als mein Schwager kurz darauf in den Krieg musste, hatten wir sein Zimmer übernommen und daraus unsere eigene Küche gemacht.

Jetzt kehrte ich also zurück. Ob das Haus noch stand? Ob Madeleine noch da war? Ich hatte viele Fragen im Kopf. Das Haus erkannte ich sofort wieder. Es lag hinter einer Kurve. Ein Fachwerkhaus. Ich blieb vor der Tür stehen und lauschte – nichts. Dann klopfte ich sachte an die Tür und rief ›Hallo‹. Schritte kamen zur Tür. Die Klinke ging nach unten. Das Scharnier quietschte. Noch heute kann ich mich an jede Kleinigkeit erinnern. Da stand sie: Madeleine. Ich erkannte sie sofort. Obwohl sie älter geworden war, hatte sie noch die gleichen Gesichtszüge und den lieben Blick wie zuvor. Sie sah mich mit großen, überraschten Augen an und stammelte schließlich ›Wilhelm?‹. Ein paar Augenblicke verharrten wir beide ungläubig und fielen uns dann in die Arme.

Hinter Madeleine tauchte dann im Flur ein etwa elfjähriger Junge auf, der mich schüchtern ansah. Madeleine drehte sich um und rief dem Jungen zu: ›Schau nur, dein Vater ist aus der Gefangenschaft heim gekehrt.‹ Zu mir sagte sie: ›Wilhelm, das ist Peter, dein Sohn.‹

Ich hatte Glück. Nach Hause zurückgekehrt, fand ich meine Frau und mein Kind wieder. Madeleine hatte sich keinem anderen Mann zugewandt, aber sie war verändert. Sie war nicht mehr das junge Mädchen, nicht mehr so weich, lieb und anhänglich. Sie zeigte eine gewisse Härte und war sehr selbstständig geworden. Sie packte zu, war durch die viele Arbeit verbraucht. Das war aber kein Wunder, schließlich hatte sie die letzten Jahre ›ihren Mann stehen‹ und sich und Peter durchbringen müssen. Sie arbeitete als Schneiderin, hatte ein Zimmer im Elternhaus zum Arbeitszimmer umfunktioniert und ein zweites zur Anprobe. Bei den meisten Näharbeiten musste sie aus Alt Neu machen – aus einem Mantel eine Hose, aus einem Teppich einen Mantel. Später konnte sie sich dann eine Singer-Nähmaschine für 750,- Mark sowie ein paar gute Stoffe kaufen, um auch mal etwas ganz Neues zu nähen.

Madeleine und ich hatten uns sehr viel zu erzählen, eigentlich mussten wir uns erst mal wieder kennenlernen. Und da war auch noch Peter, den ich ja gar nicht kannte. Einfach war das für uns alle nicht. Doch wir haben uns ein zweites Mal füreinander entschieden. Ich habe das auch nie bereut. In den Jahren 1957 und 1958 sind dann noch unsere Töchter Karin und Ellen geboren worden.«

Aktivierungen

Quizfrage

Um die Gesundheit der Mütter zu stärken, wurde 1950 eine Stiftung gegründet. Wie heißt diese Einrichtung?

- Müttergenesungswerk
- Deutsche Hebammen-Vereinigung
- Wohlfahrtsverband

  Richtig ist: Müttergenesungswerk

Hintergründe

Müttergenesungswerk

Elly Heuss-Knapp, die Ehefrau des damaligen Bundespräsidenten Theodor Heuss, gründete das Müttergenesungswerk. Seither engagierten sich alle Partnerinnen der deutschen Bundespräsidenten beim Müttergenesungswerk. Die Organisation hilft Müttern und ihren Kindern, dass sie gesund bleiben – oder gesund werden.

Heimkehrer

Dank einer Moskaureise des Bundekanzlers Adenauer kamen um den Jahreswechsel 1955/56 Tausende Deutsche aus sowjetischer Kriegsgefangenschaft frei. Rund 10.000 Soldaten und 20.000 deutsche Zivilisten waren in Russland gefangen.

Gesprächsimpulse

Partnerschaft und Ehe

- Waren Sie verheiratet? Wenn ja, wie haben Sie Ihren Partner kennengelernt?
- Wie lange waren Sie verheiratet?
- Haben Sie Kinder? Wenn ja, wie heißen sie?

Paare

Ergänzen Sie zusammen den zugehörigen Partner der Paare. Die Lösung steht in Klammern.

- Max und … (Moritz)
- Dick und … (Doof)
- Adam und … (Eva)
- Maria und … (Josef)
- Cindy und …(Bert)
- Fix und … (Foxi)
- Asterix und … (Obelix)
- Don Camillo und … (Peppone)
- Wum und … (Wendelin)

Unterhaltung

Thomas und der Saxophonist

Thomas H. aus Bottrop erzählt von seinem Schulfreund Jürgen: »Jürgen war ein begnadeter Musiker. Schon früh begann er das Saxophon seines Vaters zu spielen. Er konnte die schönsten Klänge aus diesem Instrument holen. Mein Freund Jürgen hatte ein Gehör für Musik.

Ich selbst habe als Jugendlicher 1959 eine alte Gitarre von meiner Tante geerbt. Zuhause habe ich fleißig geübt und spielte Schlager, die damals modern waren. Zum Beispiel ›Heimweh‹ oder ›Die Gitarre und das Meer‹ von Freddy Quinn. Ebenso ›Seemann, wo ist deine Heimat?‹ oder ›Der lachende Vagabund‹ von Fred Bertelmann. Aber irgendwann fand ich das nicht mehr so schick, sondern träumte davon, fetzige Musik zu machen, etwa wie Bill Haley & His Comets« mit ihrem Hit ›Rock Around the Clock‹. Aber mein Vater sagte immer: ›Spiele keinen so schmuddeligen Kram. Es gibt auch gute deutsche Musik.‹ Also blieb ich bei den deutschen Schlagern. Jedenfalls, wenn ich zu Hause Gitarre spielte …

Jürgen wusste natürlich von meiner heimlichen Sehnsucht nach Rock 'n' Roll. Allerdings wusste ich nicht, wie ich die Griffe auf der Gitarre hinkriegen sollte. Als ich mich eines Tages mit Jürgen traf – seine Eltern hatten nichts gegen amerikanische Musik – legte er mir ein Notenblatt auf den Tisch. ›Für dich‹, erklärte er mir. Natürlich besaß damals niemand ein Kopiergerät, darum hatte Jürgen das Notenblatt abgeschrieben. Für mich. Er lächelte mich an und sagte: ›Jetzt probieren wir ein bisschen rum. Dann finden wir schon die richtigen Gitarrengriffe.‹

Jürgen schmetterte den Song auf seinem Saxophon. Und ich zupfte dabei unsicher auf meiner Gitarre. Immer wieder notierte ich, wie ich es jetzt spielen würde. Und Jürgen gab mir einige Tipps. Zum Schluss hatte ich tatsächlich die notwendigen Griffe für meine Gitarre. Und immer, wenn ich zuhause alleine war, legte ich heimlich die Schallplatte von »Bill Haley & His Comets« auf und spielte dazu auf meiner Gitarre: »Rock Around the Clock.«

Jürgen wurde Berufsmusiker und spielte Jazz. Er tourte mit seinem Saxophon durch die ganze Welt. Vor einigen Jahren kam er wieder einmal zu einem Konzert zu uns nach Bottrop. Damals war er schon ein alter Mann geworden. Wir hatten uns rund 50 Jahre nicht mehr gesehen, daher wollte ich unbedingt zum Konzert. Allerdings fragte ich mich: ›Wie komme ich bei so einem großen Konzert an den Saxophonisten heran?‹ Also überlegte ich mir eine List: Ein paar Tage vor dem Konzert rief ich beim Veranstalter an und erklärte: ›Ich bin von der Zeitung. Können Sie mir einen Interviewtermin mit Jürgen M. geben?‹ So bekam ich einen Termin bei Jürgen eine Stunde vor seinem Konzert – ohne dass er ahnte, wer da kommen würde.

Und dann kam er mir entgegen. Zuerst erkannte er mich nicht. Er riss die Augen auf. Jürgen war wohl erstaunt, dass kein junger Reporter vor ihm stand, sondern ein alter Mann. Ich zog ein Blatt aus der Tasche. Das Notenblatt mit den Gitarrengriffen aus den 50er-Jahren. Jürgen rief: ›Du bist ein Spitzbube. Warte nur. Heute Abend spiele ich nicht nur Jazz, sondern auch Bill Haley!‹

Und tatsächlich improvisierte Jürgen einige Takte aus »Rock Around the Clock« auf der Bühne. Es passte sogar ziemlich gut. Und dann grinste er schelmisch ins Publikum und erklärte seinen Zuhörern: ›Dieses Lied ist meinem alten Schulfreund Thomas gewidmet. Man sollte nie seine Heimat und seine Freunde vergessen.‹«

Aktivierungen

Quizfrage

Um welchen Song handelt es sich bei dem folgenden Beginn eines Liedtextes? (Tipp: Spielen Sie den Liedanfang vor.)

»One, two, three o'clock, four o'clock rock.
Five, six, seven o'clock, eight o'clock rock.
Nine, ten, eleven o'clock, twelve o'clock rock«

- Rock Around the Clock
- Jailhouse Rock
- Roll over Beethoven

Richtig ist: Rock Around the Clock

Hintergründe

Bill Haley & His Comets

1954 läuteten Bill Haley & His Comets die Ära der Rockmusik ein – mit dem Hit »Rock Around the Clock«. Dieser Song schaffte, was vorher keinem anderen Lied gelungen war: Er wurde innerhalb eines Jahres zum Titellied zweier Filme – »Saat der Gewalt« und »Außer Rand und Band«.

Bill Haleys erste Europatournee 1958 war eine Tournee voller Skandale und Exzesse. In Spanien erhielt der Musiker Auftrittsverbot, in Deutschland kam es zu großen Tumulten bei Konzerten in Essen und Hamburg. Im Berlin wurde ein Auftritt sogar abgebrochen – weil es bei einem Konzert zu einer regelrechten Saalschlacht gekommen war.

Gesprächsimpulse

Schlager der 50er-Jahre

Lassen Sie in einem ersten Schritt die Titel der Lieder ergänzen. Ist das gut möglich, können Sie den Interpreten erraten lassen. Als Drittes können Sie das jeweilige Liedthema als Gesprächseinstieg nutzen.

Tipp: Spielen Sie diese Hits auch vor – das weckt noch mehr Erinnerungen. Sie finden die Lieder im Internet oder auf CDs in der Bücherei.

Welche der folgenden zehn Hits aus den 50ern kennen Sie? Bei welcher Gelegenheit haben Sie diesen Hit gehört?

- Die Gitarre und … (das Meer) – Freddy Quinn
- Seemann, wo ist … (deine Heimat) – Will Glahe und sein Orchester, Geschwister Hofmann und das Golgowsky-Quartett
- Weißer … (Holunder) – Gitta Lind und die Telestars
- Heimweh (Freddy Quinn)
- Pack die … (Badehose ein) – Cornelia Froboess
- Der lachende … (Vagabund) – Fred Bertelmann
- Das machen nur die Beine … (von Dolores) – Gerhard Wendland
- Buona Sera … (Signorina) – Louis Prima
- Petite Fleur, … (little flower) – Chris Barber
- Jim, Jonny und … (Jonas) – Hula Hawaiian Quartett
- Tom Dooley – Nilsen Brothers
- Cherry Pink and … (Apple blossom white) – Perez Brez Prado and his Orchestra

Bewegung

Führen Sie die fett gedruckten Bewegungen, die in der folgenden kleinen Geschichte vorkommen, gemeinsam mit allen Teilnehmern aus.

Das waren Zeiten

Angelika erzählt: »Ich will heute zur Tanzparty. Aber der Papa hat es mir verboten. Er hat **den Zeigefinger gehoben** – und gesagt: »Keine so unmögliche moderne Musik.«

Aber dann habe ich **die Schultern gezuckt** – und mir gedacht: Dann gehe ich halt hin, ohne dass er es merkt.

Ich habe **meinen Petticoat angezogen**. Vor dem Spiegel habe ich mich erst **nach rechts gedreht – und dann nach links gedreht**. Dabei habe ich immer wieder **in den Spiegel geschaut und mich begutachtet**.

Der Papa wollte auch nicht, dass wir uns schminken. Also haben wir Mädchen uns eben unterwegs auf eine Parkbank gesetzt. Eine von uns hat der anderen **den Spiegel vors Gesicht gehalten. Und die andere hat sich geschminkt: Lippenstift auf die Lippen aufgetragen und noch rasch die Wimpern nachgezogen.** Und dann ging es zum Tanzsaal.

Und da war er auch schon: Andreas. Er **winkte mir zu**. Dann **kam er zu mir und verbeugte sich**. »Gnädige Frau«, raunte er mir zu, »darf ich zum Tanz bitten?«

Und schon **wirbelten wir übers Parkett** (Tanzbewegungen mit den Armen und möglichst auch mit den Beinen ausführen – eventuell im Sitzen. Am besten geht's mit Tanzmusik).

Ein Programmheft für Gabriele

Gabriele Z. wurde 1945 geboren. In den 1950er-Jahren war sie noch zu jung, um ins Kino zu gehen. Aber trotzdem wusste sie genau Bescheid, was damals in den Lichtspielhäusern lief. Sie erzählt: »Nein, ich durfte noch nicht ins Kino. Aber zum Glück hatte ich große Brüder und Schwestern. Die gingen ins Kino und brachten mir jedes Mal ein Programmheft mit. Ein Heft kostete einen Groschen. Noch heute habe ich einen Ordner mit alten Kino-Programmen aus den 50ern. Manchmal blättere ich in diesen Heften und denke an die Filme meiner Kindheit zurück. Zum Teil habe ich sie ja gar nicht gesehen. Aber vielleicht sind sie gerade deshalb umso lebendiger vor meinen Augen. Weil ich mir die Szenen vorstellen musste.

Vom Krieg hatten in Deutschland alle genug. Und Arbeit gab es auch viel. Darum träumten wir uns eine heile Welt zusammen. Im Programmheft von ›Schwarzwaldmädel‹ habe ich schöne Bilder der Hauptdarsteller Sonja Ziemann (als Bärbele) und Rudolf Prack (als Hans). Über 16 Millionen Deutsche haben diesen Film damals gesehen – und sich in eine fröhliche und zufriedene Dorfgemeinschaft im Schwarzwald geträumt. Auch von anderen Heimatfilmen aus den 50er-Jahren habe ich Programmhefte: ›Grün ist die Heide‹, ›Die Fischerin vom Bodensee‹ und ›Mein Schatz ist in Tirol‹.

Natürlich habe ich auch ›Sissi‹ geliebt. Die österreichische Kaiserin, gespielt von Romy Schneider. Wie nett der Karl-Heinz Böhm in meinem Programmheft in die Kamera schaut. Was für ein schöner Mann! Ich musste nicht mal ins Kino, um mich in diese Welt zu träumen. Als Kind hat mir schon ein Programmheft genügt.

Es muss um 1956 gewesen sein. Da war meine ganze Familie zusammen im Film ›Das Wirtshaus im Spessart‹. Die ganze

Familie? Nein, natürlich nicht – denn ich war nicht dabei. Ich war ja zu jung. Ich blieb so lange bei der Oma. Aber mein Papa hat gesagt: , Den Film schauen wir ohne dich an. Und danach gehen wir alle zusammen noch in ein richtiges Wirtshaus. Wir sind dann eben nicht im Spessart, sondern in Wiesbaden. Und du darfst auch mit.‹ Im Wirtshaus spendierte mir mein Vater ein Glas Cola. Und er schenkte mir das Programmheft von ›Das Wirtshaus im Spessart‹. Papa, Mama und meine Geschwister erzählten mir, worum es im Film gegangen war. Aber ich weiß es heute nicht mehr so recht. Die Bilder von Liselotte Pulver, Wolfgang Müller und Wolfgang Neuss werde ich wohl für immer mit dem Glas Cola im Wirtshaus in Wiesbaden verbinden.

Die Idole meiner großen Geschwister waren damals Elvis Presley, James Dean und Marylin Monroe. Im Jahr 1959 hat mein Bruder seine spätere Ehefrau Birgit kennengelernt und ist mit ihr ins Kino gegangen. Es lief ›Manche mögen's heiß‹ mit Marylin Monroe. Am nächsten Tag gab mir mein Bruder das Programmheft und sagte: , Für dich. Von Birgit.‹ Sie hatte extra eine rote Schleife darum gebunden. Vielleicht ist Birgit deswegen heute noch meine Lieblingsschwägerin.«

Aktivierungen

Quizfrage

Im Film »Manche mögen's heiß« hatten die Figuren zum Teil lustige Namen. Welche der folgenden drei Figuren kam nicht im Film vor und ist frei erfunden?

- Milchbar-Marylin
- Zahnstocher-Charlie
- Gamaschen-Colombo

Falsch ist: Milchbar-Marylin

Hintergründe

»Manche mögen's heiß«

Einer der erfolgreichsten Filme aus dem Jahre 1959 war »Manche mögen's heiß« mit Marylin Monroe – ein amüsanter Schwarz-Weiß-Film. Marylin Monroe brilliert darin in der Rolle einer naiven Blondine mit Gesangskünsten. In weiteren Hauptrollen spielen Tony Curtis und Jack Lemmon, die sich als Augenzeugen eines Mafia-Massakers als Frauen verkleiden und in einer Damenkapelle »untertauchen« – gejagt von den Killern. Regie führte Billy Wilder.

Der Name »Marylin« taucht aber im Film nicht auf. Zahnstocher-Charlie und Gamaschen-Colombo hingegen kommen vor.

Gesprächsimpulse

Deutsche Filme der 1950er-Jahre

- Welche deutschen Schauspieler aus den 1950er-Jahren kennen Sie?
  Beispiele: Liselotte Pulver, Curd Jürgens, O. W. Fischer, Horst Buchholz, Heinz Rühmann, Hans Albers, Christine Kaufmann ...
- Wie sah ein Kinosaal in den 50er-Jahren aus?
- Ab welchem Alter durften Sie ins Kino?
- Wie viel Eintritt hat das Kino gekostet?
- Welche Filme haben Sie im Kino gesehen?
- Gab es einen Schauspieler, der Ihr Idol war? Für welche Schauspielerin schwärmten Sie?

Ergänzen Sie die Filmtitel. Kennen Sie die Filme? Bei welchen Gelegenheiten haben Sie sie gesehen? (Die Lösungen stehen in den Klammern.)

- Schwarzwald ... (-mädel) (1950)
- Die Geschichte vom kleinen ... (Muck) (1953)

- Der Förster vom Silber … (-wald) (1954)
- Liebe, Tanz und 1000 … (Schlager) (1955)
- Der Hauptmann von … (Köpenick) (1956)
- Die Fischerin vom … (Bodensee) (1956)
- In 80 Tagen um die … (Welt) (1956)
- Die Halb … (-starken) (1956)
- Witwer mit fünf … (Töchtern) (1957)
- Die Brücke am … (Kwai) (1958)
- Die Katze auf dem heißen … (Blechdach) (1958)
- Das Mädchen Rose … (-marie) (1958)
- Freddy, die Gitarre und das … (Meer) (1959)
- Manche mögens … (heiß) (1959)
- Natürlich die Auto … (-fahrer) (1959)

Sehen

Ergänzen Sie zusammen die Redensarten. Die Lösung steht in Klammern.

- Es fällt ihm wie Schuppen aus den … (Augen).
- Auge um Auge. Zahn um … (Zahn).
- Da vergeht ihm Hören und … (Sehen).
- Da bleibt kein Auge … (trocken).

Puschenkino oder Public Viewing?

Reiner H. aus der Nähe von Flensburg berichtet: »Neulich war Fußball-Weltmeisterschaft. Mein Enkel war ganz wild danach, mit mir die Spiele von Deutschland anzuschauen. Wir haben uns sogar gegenseitig Deutschland-Fahnen auf die Wangen gemalt. Einmal sind wir zusammen in die Stadt gegangen und haben uns das Spiel mit vielen anderen Fans auf einer großen

Leinwand angeschaut. ›Public Viewing‹ nennt man das heutzutage, hat mir mein Enkel erklärt.

Daraufhin habe ich gesagt: ›Papperlapapp. Ihr denkt, das wäre eine neue Erfindung – Public Viewing. Das haben früher alle gemacht. In den 50ern da hatte nämlich noch nicht jeder ein Fernsehgerät. Da gab es die Flimmerkiste nur in manchen Gaststätten und in wenigen Haushalten.‹

Und tatsächlich war es so: Wer etwa die großen Fernsehshows anschauen wollte, Frankenfeld und Kulenkampff, ging dazu in die Kneipe. Oder wir haben uns bei der Familie Hansen getroffen. Die haben zwei Häuser nebenan gewohnt und hatten einen Fernseher. Oft gingen wir in Pantoffeln zu den Nachbarn rüber – daher nannten wir diese gemeinsamen Fernsehabende »Puschenkino«. Public Viewing – das kannten wir also schon in den 1950er-Jahren. Wer einen Fernseher hatte, der hatte viele Freunde.

Doch einigen war diese neue Technik nicht geheuer. Mein Onkel etwa hat sich stets einen Anzug angezogen, bevor er ferngesehen hat: ›Wenn ich die Leute im Fernsehen sehen kann, können die mich vielleicht auch sehen.‹ Also hat er sich lieber hübsch gemacht. Und meine Tante warnte uns immer: ›Kinners, seid vorsichtig mit dem Fernsehen. Wegen der Strahlen.‹

Ende der 50er-Jahre wurden dann immer mehr Fernsehgeräte verkauft. Ich kann mich erinnern, dass es damals in der Zeitung hieß, dass jeden Tag 5000 Fernsehgeräte verkauft würden. Die Hersteller kamen kaum hinterher, neue Geräte zu produzieren. Aber so schön es war, wenn jeder seinen eigenen Fernseher hatte … Mit unserem Puschenkino oder Public Viewing« war es dann vorbei. Das haben erst unsere Enkel wieder neu erfunden – zur Fußballmeisterschaft.

Aktivierungen

Quizfrage

Wie hießen die Quizshows der 1950er-Jahre mit Joachim Kulenkampff:

- Wer gegen wen?
- Zwei auf einem Pferd
- Die glücklichen Vier
- Sieben auf einen Streich
- Quiz ohne Titel/Der große Wurf

  Alle diese Sendungen wurden von »Kuli« moderiert.

Hintergründe

Beginn des Fernsehens in Deutschland

Weihnachten 1952 begann das Fernsehzeitalter in der Bundesrepublik. Die Tagesschau wurde dreimal pro Woche gesendet. Ab Oktober 1956 gab es eine tägliche Tageschau um 20 Uhr. Die Zahl der Fernsehteilnehmer stieg schnell an. 1952 hatte die ARD 4000 Teilnehmer, 1955 waren es ca. 100.000. Rund drei Millionen konnte der Sender dann Ende 1959 vermelden.

Die erste Fernsehserie hieß »Familie Schöllermann«. Es spielten Lotte Rausch und Willy Krüger. Die Serie lief von 1954 bis 1959. Die Einschaltquoten lagen bei 70–90 Prozent.

An den Wochenenden lockten Fernsehshows Millionen Zuschauer vor die Fernseher. Die Sendungen nannten sich oft »bunte Abende«. Beliebte Moderatoren waren Hans-Joachim Kulenkampff und Peter Frankenfeld. Kulenkampff (»Kuli«) wurde durch Shows wie »Wer gegen wen?« bekannt. Peter Frankenfeld machten Sendungen wie »1:0 für Sie« zum Publikumsliebling. Sein Markenzeichen war ein großkariertes Sakko. 1955 startete die ARD-Serie »Was bin ich?« als heiteres Beruferaten mit Robert Lembke, der seine Gäste immer fragte: »Welches

Schweinderl hätten's denn gern?«. Damit meinte er ein Sparschein, das bei jedem Falschraten zugunsten des Gastes mit 5 Mark »gefüttert« wurde.

Gesprächsimpulse

Fernsehen

- Wo haben Sie in den 1950ern ferngesehen?
- Was haben Sie angeschaut?
- An was erinnern Sie sich bei der Tagesschau aus den Anfängen des Fernsehens?
- Wie war die Atmosphäre beim Fernsehen? Waren Sie unsicher? Oder eher gespannt?
- Haben Sie sich rechtzeitig, bevor die Sendung begann, im Wohnzimmer mit der Familie oder Freunden getroffen?

Welche Fernsehshows kennen Sie – nicht nur aus den 50ern …

- Der große Preis
- Das laufende Band
- Dalli Dalli
- Was bin ich?
- Musikantenstadl
- Wetten, dass …!
- Verstehen Sie Spaß?
- Zum blauen Bock

Fernseh-Häppchen

Was haben Sie während des Fernsehens gegessen und getrunken?

Don Camillo & Peppone

Die siebzigjährige Rita K. aus München erinnert sich an die ersten Filme mit Don Camillo, die sie mit ihrem Bruder bei ihrer Tante und ihrem Onkel in den 50er-Jahren gesehen hatte: »Oh je, wie musste mein kleiner Bruder immer lachen, wenn er den Schauspieler Fernandel sah. Der spielte den katholischen Priester Don Camillo und hatte schlaksige Glieder – seine Arme baumelten lang herunter. Sein Gang war tollpatschig und seine Schuhe riesig. Dazu hatte er Glubschaugen, große Nasenlöcher und ein sogenanntes Pferdegebiss. Er war markant und dabei sympathisch.

Ich erinnere mich dagegen vor allem an das Wesen von Don Camillo. Der Pfarrer im schwarzen Gewand stand für die Kirche – für den, der das Richtige will. Er war schelmisch und auch hintertrieben. Aber nur, weil er Gutes erreichen wollte – nicht für sich, sondern meistens für andere. In seinem Bemühen um das Richtige, ärgerte er sich oft und steigerte sich in seinen Zorn hinein. Jesus mahnte ihn dann mit weicher Stimme, wieder gütig zu sein. Don Camillos Gegenspieler war Peppone, von Gino Cervi gespielt, der kommunistische Bürgermeister seines Dorfes. Da prallten quasi Welten aufeinander, wenn diese beiden aneinander gerieten. Oft stellten sie zum Schluss verwundert fest, dass sie eigentlich dasselbe wollten.

Zuhause hatten wir keinen Fernseher, daher besuchten wir sonntags gerne Onkel und Tante, um auf deren Gerät ›Don Camillo & Peppone‹ anzuschauen. Das war ein Fest für uns. Es war so etwas Bedeutendes, dass ich mich an das Drumherum kaum erinnern kann. Ich weiß nicht mehr, ob die Erwachsenen während des Films geredet haben oder etwas zum Knabbern auf dem Tisch stand. Mein Onkel zog, daran erinnere ich mich, vorher die schweren Vorhänge zu. Das musste man – damit man das Bild besser sehen konnte.

Wir waren so fasziniert vom Fernseher. Er sah aus wie ein kleines Fenster in einem großen braunen Kasten. Ein Fenster in eine schwarz-weiße Welt, die ich bisher noch nicht kannte. Ich tauchte gebannt in die Szenen ein. Mein Bruder und ich haben mit gefiebert. Ich erinnere mich, dass in einer Geschichte ein Paar heiraten wollten. Aber sie durften nicht, weil nur einer von ihnen ein Katholik war. Aber Don Camillo hat es dann doch hin gebogen. Und ein anderes Mal gab es eine Überschwemmung, sodass alle mit anpacken mussten. Da waren sich selbst Don Camillo und Peppone eine Zeit lang einig. Zumindest so lange, bis das Gröbste behoben war.

Die Filme haben uns sehr berührt. Ich habe mitgelitten, wenn Peppone wieder mal gemein zu Don Camillo war. Fernsehen war wie in eine ganz neue Welt einzutauchen. War ein Film vorbei, habe ich einen Moment gebraucht, um gedanklich wieder in der Wohnung von Tante und Onkel in München anzukommen. Ich war stets überrascht, wenn mein Onkel die schweren Vorhänge wieder öffnete und es plötzlich hell im Zimmer wurde. Meine Augen brauchten auch einige Augenblicke, um sich wieder an die richtige Welt zu gewöhnen. Eine Welt ohne schelmischen Pfarrer und kommunistischen Bürgermeister.«

Aktivierungen

Quizfrage

Wie lautete die erfolgreichste Filmreihe der 1950er- und 1960er-Jahre?

- Asterix & Obelix
- Don Camillo & Peppone

- Dick & Doof
  Richtig ist: Don Camillo & Peppone

Hintergründe

»Don Camillo & Peppone«

Das war die erfolgreichste Filmreihe in den 1950er- bis 1960er-Jahren. Die beiden Hauptfiguren beschreiben schelmisch das Miteinander bzw. die Konflikte zwischen Katholiken und Kommunisten. Sie konkurrieren um die sozialen Fragen ihrer Zeit, um dann doch zu erkennen, dass sie sich eigentlich nahe stehen. Die einzelnen Filme mit Fernandel und Gino Cervi heißen: »Don Camillo & Peppone« (1952), »Don Camillos Rückkehr« (1953), »Die große Schlacht des Don Camillo« (1955), »Hochwürden Don Camillo« (1961), »Genosse Don Camillo« (1965).

Witz

Berta H. lebte in einem katholischen Städtchen. Bei einer politischen Wahl wusste sie nicht so genau, wen sie wählen sollte. Also kreuzte sie auf dem Wahlzettel »Kom« an. Danach erklärte sie stolz, die »Kommunion« gewählt zu haben. Erst eine Nachbarin konnte ihr dieses Missverständnis erklären: »Nein, nein, Berta. Du hast die Kommunisten gewählt.«

Haben Sie auch schon einmal etwas gründlich missverstanden?

Spiele und Rätsel

Fernsehquiz

- Lassen Sie Wörter und Namen zusammentragen, die mit Fernsehen zu tun haben.
  Zum Beispiel: Bildschirm, Testbild, ARD, Tagesschau, Ansagerin Irene Koss, Werbung, Schauspieler, Film, Krimi, Peter Frankenfeld …

- Lassen Sie Fernseh-Begriffe von A–Z suchen. Das ist schwieriger, wobei Buchstaben wie C, X oder Y übersprungen werden können.
  Zum Beispiel: Antenne, Breitbild, Drittes (Programm), EWG (»Einer wird gewinnen«), Flimmern, …

Redensarten

Ergänzen Sie zusammen folgende Redensarten, die mit Sehen und Hören zu tun haben. Die Lösungen stehen in Klammern.

- Er ist auf dem rechten Auge … (blind).
- Sie erblickte das Licht der … (Welt).
- Augen auf im Straßen … (-verkehr).
- Sie sieht ein Licht am Ende des … (Tunnels).
- Sie traut ihren Augen … (nicht).
- Er hat Tomaten auf den … (Augen).
- Vier Augen sehen mehr als … (zwei).
- Ihm vergeht das Hören und … (Sehen).
- Er hat viel um die … (Ohren).
- Sie hat Ohren wie ein … (Luchs).
- Ihm klingeln die … (Ohren).

Fliegenklatschen-Tennis

Spielen Sie – wie in einer Fernsehshow – Fliegenklatschen-Tennis: Gruppieren Sie die Teilnehmer in einem Kreis. Jeder bekommt eine Fliegenklatsche. Werfen Sie einen aufgepusteten Luftballon von oben in den Kreis. Nun können die Teilnehmer sich den Ball mit der Fliegenklatsche zuspielen. Der Ballon sollte möglichst nicht zu Boden sinken.

Fliegenklatschen-Tennis kann im Stehen oder Sitzen gespielt werden.

Neulich auf der Gartenbank

Siegfried und Josef sitzen auf der Bank am Rande ihres Gartens, an dem eine Straße vorbeiführt. »Prost Siegfried«, lacht Josef und stemmt sein Glas Pils in die Höhe. Siegfried stößt mit seinem Halbliterkrug an und erwidert: »Prost, mein Freund.«

Ein Roller fährt auf der Straße vorbei. »Das war ein Triumph Contessa. Ein Uralt-Roller. Dass es den noch gibt«, staunt Josef und setzt zu einem kräftigen Schluck Bier an. »Ich weiß sogar noch den Werbespruch aus den 50er-Jahren, schmunzelt Siegfried: »Der Roller voller Schwung und Kraft.« »Und der VW Käfer war damals auch populär«, erinnerte sich Josef. »Ein Spruch neben einer Anzeige hieß: ›VW – Spitze seiner Klasse‹.« Siegfried überlegt: »Ich erinnere mich auch an die Knutschkugel Isetta mit der nach vorne aufklappbaren Tür. Vor allem wurde er als Zweitwagen für Frauen beworben.« Josef grinst: »Etwa mit dem Spruch von Frau Sabine in der Werbung: ›Endlich hast du mir die Freiheit geschenkt. Endlich brauche ich nicht mehr nach deinem Autoschlüssel zu fragen.‹ Denn ihr Mann hatte ihr zum Geburtstag eine BMW Isetta geschenkt.«

Je länger der Abend wird, desto mehr alte Werbesprüche fallen ihnen ein. Es gibt ja auch jede Menge Sprüche aus dieser Zeit – von A wie Auto bis Z wie Zigaretten, für die damals noch geworben werden durfte. Da ging man noch von falschen Voraussetzungen aus, wenn es in der Tabakwerbung hieß: »Im Filter bleibt, was nicht bekommt – Genuss ohne Reue.«

Kaffeekränzchen bei Hannelore

Hannelore und Lina sitzen zusammen. »Willst du noch einen Kaffee«, fragt Hannelore. »Nein, gib mir lieber einen Muckefuck«, antwortet Lina. »Da bekomme ich kein Herzrasen.« Hannelore brüht das Getränk auf. »Wenn ich Muckefuck höre, muss ich immer an eine Kinowerbung aus den 1950er-Jahren denken. Mit hüpfenden Kaffeetassen.« Lina nickt. »Die Werbung in den 50ern war toll.« Und sie kann sich sofort an einen Spruch erinnern: »Ich bin naturrein, schmecke gut – und wecke neuen Lebensmut.« Gleich macht sie ein Quiz daraus und fragt: »Was war mit diesem Spruch gemeint?«. Hannelore ruft: »Zucker.«

Lina erklärte: »Ich habe noch die Sauerkraut-Werbung der Firma Hengstenberg im Kopf. Darin zeigte man, wie mühsam es ist, Sauerkraut von Hand herzustellen. Die Hausfrau ging mühsam in den Keller und strengte sich an, als sie am Sauerkraut-Fass werkelte.« »Daran kann ich mich auch noch erinnern«, antwortete Hannelore. »Der Werbespruch hieß: ›Vitamine sind gerettet, wenn man sie in Dosen bettet.‹«

Lina holt Luft: »Diesen oder keinen – so lautete ein anderer Werbespruch. Ich sehe noch das Plakat vor mir.« »Ich weiß nicht mehr, was das war«, überlegt Hannelore laut. »Damit war ein Kühlschrank von Bosch gemeint«, lächelt Lina, »ein tolles Ding damals«.

»Von einem Spülmittel hieß es: Spült und trocknet glanzklar«, erinnert sich Hannelore. »Das weiß ich noch«, freut sich Lina. »Pril war damit gemeint.« »Und was sollte nie im Koffer fehlen?«, fragt Hannelore verschmitzt. Das weiß Lina sofort: »Wohin sie auch reisen. Rei sollte nie in ihrem Koffer fehlen.«

Lina und Hannelore haben viel Spaß an diesem Nachmittag. Mancher Spruch aus der Werbung kommt ihnen wieder in den Sinn – von Plakaten und aus dem Kino. Nebenbei fallen ihnen dazu auch noch ein paar persönliche Geschichten ein, die es sich zu erzählen lohnt.

Aktivierungen

Quizfrage

Welches der nachfolgenden Getränke, die auch viel beworben wurden, enthält am meisten Alkohol?

- Deinhard Sekt
- Scharlachberg Meisterbrand
- Original Schlichte Steinhäger

  Richtig ist: Scharlachberg Meisterbrand

Hintergründe

Genussmittel

Sekt enthält zwar mehr als zehn Prozent Alkohol aber immer noch weniger als ein Likör. Original Schlichte Steinhäger hingegen 38 Prozent und Scharlachberg Meisterbrand als Weinbrand mindestens 40 Prozent Alkohol.

In den 1950er-Jahren wurden Genussmittel wie Alkohol und Zigaretten sehr unbefangen beworben. Alles, was als ein Ausdruck des Wohlstands galt, war erlaubt. Denn, was augenscheinlich gut tat, wollte man auch konsumieren.

Hatte man mit den möglichen Folgen von zu viel Zigaretten und Alkohol zu kämpfen, gab es auch da eine Lösung. Eine Kopfschmerztablette, die folgendermaßen beworben wurde: »Im Zweifel nehme man lieber eine Spalt mehr …«

Gesprächsimpulse

Werbung aus den 1950er-Jahren

Manche Werbesprüche wären heute undenkbar. Doch damals gehörten sie dazu und waren normal.

Wecken die folgenden Werbesprüche Erinnerungen?

- »Trinke ihn mäßig, aber regelmäßig«. Damit warb Schlichte Steinhäger 1952. Fast 40 Volumenprozent Alkohol enthält das Getränk. Der damalige Werbespruch lautete: »Der regelmäßige Alkohol ist es, der dem Körper so wohl tut. Die guten Wirkstoffe der Wachholderbeere sind in jedem Glas Schlichte enthalten.«

- »Dein Sekt sei Deinhard«, lautete der Slogan für das perlende Alkoholgetränk 1952. Der Sekt wurde damit beschrieben: »Wenn man eine kurze Atempause braucht, neue Lebensfreude, neuen Schwung, wenn man sich mal wünscht ein anderer Mensch zu sein und sich vom Alltag lösen will, dann gilt überall und alle Tage: Dein Sekt sei Deinhard.«
- Die Firma Dujardin bewarb ihren Weinbrand 1957 mit den Worten: »Der Weinbrand für Fortgeschrittene.«
- »Kola Dallmann macht Müde mobil!« Laut einer Anzeige aus dem Jahr 1956 fehlte einem so nie der dritte Mann beim Skat. Denn wenn man zu diesem Getränk greift, schläft der dritte Spieler nicht ein. Die Kolanuss, der Samen des afrikanischen Kolabaums machte es möglich. Inhaltstoffe waren: Koffein und Theobromin.
- 1957 wurde die Kopfschmerztablette »Spalt« als geeignetes Mittel gegen den Kater beworben. Wenn man zu viel getrunken und geraucht hat – dann solle man eben zur Spalt greifen. Am besten gleich zwei Tabletten: »Deutschlands meistgebrauchte Schmerz-Tabletten.«
- Miele warb so für seine Staubsauger: »Ein Staubsauger steht auf dem Wunschzettel vieler Hausfrauen. Fürsorgliche Männer werden diesen Wunsch mit einem Miele erfüllen, um der viel geplagten Gattin die Hausarbeit zu erleichtern.« Ein anderer Spruch: »Mutter macht's mit Miele«.

Selbst gedichtet!

Dichten Sie Werbesprüche weiter. Die Originalwerbung: „Miele, Miele, sprach die Tante, die alle Waschmaschinen kannte.“ Weiter gedichtet könnte diese Werbung folgendermaßen heißen: „Miele, Miele, sprach die Tante, die alle Waschmaschinen kannte. Als sie auf die Straße rannte, traf sie dort eine Bekannte. Deren Zigarette brannte und zudem noch ihre Bluse spannte.“

Wichtig: Das Gedicht muss nicht besonders schön oder sinnhaft sein. Wichtig ist der gemeinsame Spaß beim Dichten.

Werbeplakate entwerfen

Bringen Sie Zeitschriften mit vielen Fotos mit, und basteln Sie gemeinsam Werbe-Collagen, beispielsweise zu den Themen „Familienleben“, „Ausflug“, „Kaffeeklatsch“ o. Ä. Suchen Sie auch Bilder von Produkten, die Sie an früher erinnern und arrangieren Sie diese als Plakat.

Rätsel

Wiedererkannt?

Kennen Sie diese Werbesprüche? Wofür wurde geworben? Die Lösungen stehen in Klammern.

- »Der Roller voller Schwung und Kraft.« (Triumph Contessa)
- „Vitamine sind gerettet, wenn man sie in Dosen bettet.“ (Hengstenberg Konserven)
- »Für Frauen entworfen.« (BMW Isetta)

Mobilität

Mein Mann, mein Führerschein und ich

Die 85-jährige Sieglinde H. aus München erzählt, wie sie zu ihrem Führerschein kam: »Mein Mann Erwin war Fahrlehrer, und ich hatte noch keinen Führerschein, obwohl wir schon drei Jahre verheiratet waren. So beschlossen wir eines Tages, dass er mir das Fahren beibringt.

›Wenn du bei mir in die Fahrschule kommst, bist du für alle Tücken des Straßenverkehrs gewappnet‹, warb mein Mann für seine Fähigkeiten. Ich runzelte die Stirn. Denn ich war schon skeptisch, ob die Tatsache, dass wir ein Ehepaar waren, so gut war für das Fahrtraining. Aber praktisch war es allemal … und günstig, denn ich musste ihm die Fahrstunden natürlich nicht bezahlen. So saß ich also 1955 in seinem VW Käfer und nahm Fahrunterricht.

Alles in allem habe ich viel von ihm gelernt, obwohl das Fahren damals ganz anders war als mit den heutigen Autos. Der Blinker etwa funktionierte damals noch nicht mit Licht, sondern indem sich ein Hebel seitwärts am Auto ausklappte. Ich erinnere mich auch noch an seinen Kommentar an einem Zebrastreifen, der gerade aufgemalt worden war: ›Pass auf‹, erklärte Erwin, ›wenn jemand an einem Zebrastreifen steht und die Fahrbahn überqueren will, dann winkt er. Und dann musst du stehen bleiben‹.

Aber er war nicht immer so gelassen – er war auch ganz schön streng mit mir. Ich höre heute noch seine Sprüche vom Beifahrersitz: ›Pass doch auf. Der Opel hat Vorfahrt‹, und ›Oh nein! Du fährst alle über den Haufen‹, oder ›Vorsicht. Vergiss doch das Blinken nicht.‹ Erwin war eben sehr vorsichtig und machte sich immer Sorgen um mich. Und ganz Unrecht hatte er nicht. In den 50er-Jahren musste man ja noch keine Sicherheitsgurte anlegen. Autofahren ohne Sicherheitsgurte – das war viel gefährlicher als heute.

Die schönste Erinnerung an diese Zeit ist aber die an den Tag meiner Fahrprüfung. Bevor der Prüfer kam, griff Erwin in den Kofferraum. Er grinste und zog eine rote Rose heraus. ›Für dich, mein Schatz.‹ Er erklärte verlegen: ›Es tut mir leid, wenn ich so ungeduldig mit dir gewesen bin. Das liegt daran, dass du das Kostbarste bist, das ich habe. Und ich will nicht, dass dir etwas passiert. Aber du bist eine gute Fahrerin und schaffst das heute.‹ Da schossen mir vor Verlegenheit und Liebe glatt die Tränen in die Augen.

Und Erwin hatte Recht. Mein Fahrprüfer sagte nach der Prüfung: ›Sie haben es gut gemacht. Hier haben Sie Ihren Führerschein.‹ Was waren mein Mann und ich damals stolz auf unsere Teamleistung.

Nach der Prüfung hat Erwin übrigens kein einziges Mal an meinem Fahrstil herum gemeckert.«

Aktivierungen

Quizfrage

Welche Erfindung machte ab 1952 den Straßenverkehr für Fußgänger sicherer?

- Sicherheitsgurt
- Zebrastreifen
- Führerschein

Richtig ist: Zebrastreifen

Hintergründe

Zebrastreifen

Der erste Zebrastreifen wurde im März 1952 in Ost-Berlin eingeführt, gefolgt von einem in München im Juli 1952. Diese ersten Zebrastreifen wurden in Form von zwei quer zur Fahrbahn verlaufenden Streifen angelegt. Zu Beginn des neuen Fußgängerüberweges mussten die Passanten noch durch Handzeichen anzeigen, dass sie über die Straße überqueren möchten. Einzug in die westdeutsche Straßenverkehrsordnung hielt der Zebrastreifen zum 24. August 1953.

Sicherheitsgurt

Der Sicherheitsgurt wurde Ende der 50er-Jahre in Schweden entwickelt. Der Volvo-Ingenieur Nils Ivar Bohlin ließ sich den Dreipunkt-Sicherheitsgurt patentieren. Erst in den 1970ern wurde dieser Gurt verpflichtend in neue PKWs eingebaut.

VW Käfer

Der VW Käfer verfügte damals über 24 PS und schaffte es, 105 Stundenkilometer schnell zu fahren. Damit war er ziemlich zügig unterwegs. Zum Vergleich: Der Renault 4CV mit seinen 18 PS konnte nur höchstens 90 Stundenkilometer schnell fahren. Der Citroën 2CV (»Ente«) mit ihren ursprünglich 9 PS verfügte ab 1954 über 12 Pferdestärken – und schaffte 65 Stundenkilometer Spitzengeschwindigkeit. 1950 kostete der VW Käfer 4400 DM. Er verbrauchte mehr als acht Liter auf 100 Kilometer. Gekühlt wurde der Motor per Luftkühlung.

Frau am Steuer

Erst ab Ende der 1950er-Jahre durften Frauen in Deutschland ohne Unterschrift des Vaters oder Ehemannes die Fahrschule besuchen.

Gesprächsimpulse

Erstes Auto

- An welche Anekdoten aus Ihrer Fahrschulzeit können Sie sich erinnern?
- Was war Ihr erstes Auto für ein Modell? Ein Käfer? Eine Isetta?
- Können Sie sich noch an die erste Fahrt in Ihrem ersten Auto erinnern? Was war das für ein Tag für Sie?
- Welche Unterschiede in der Straßenverkehrsordnung von damals zu heute kennen Sie?

Auto-ABC

Zählen Sie gemeinsam Autos und Automarken auf – nennen Sie sie in der Reihenfolge des Alphabets. Beispiele: Audi, BMW, Citroën, Dacia, Ente …

Verkehrsschilder

Bringen Sie Fotos von Verkehrsschildern mit. »Stop«, »Vorfahrt beachten« oder »Bahnübergang«. Zeigen Sie diese Verkehrsschilder und fragen sie die Teilnehmer, was sie bedeuten.

Verkehrsregeln

Tragen Sie Verkehrsregeln zusammen. Beispielsweise:

- Bei Rot stehen – bei Grün gehen.
- Rechts vor links.

Bewegung

Automarken-Fußball

Setzen Sie sich mit den Teilnehmern in einen Kreis und legen Sie einen größeren Gymnastikball in die Mitte. Nun spielen sich die Teilnehmer den Ball gegenseitig mit den Füßen zu. Immer wenn jemand den Ball angenommen hat, nennt er eine Automarke. Beispiele: Audi, VW, Mazda, Mercedes, Porsche usw. Erst dann kickt er den Ball weiter. Fällt jemandem keine Marke ein, kann wer anderes einspringen. Als Inspiration können Sie auch einige Modellautos dabei haben.

Barbara macht das Rennen

Bernd T. aus Pforzheim erzählt von seiner ersten großen Liebe – und wie er sich die junge Dame 1957 bei einer rasanten Fahrt mit dem Motorroller ausgesucht hat.

Er berichtet: »Ich hatte einen Vespa-Roller. War das ein schönes Ding. Zwischen den Beinen war so viel Platz, dass ich locker eine Bierkiste damit transportieren konnte. Und hinten drauf konnte ich sogar ein Mädchen mitnehmen.«

Er lächelt verschmitzt: »Naja, ich habe schon Wert gelegt auf meinen Vespa-Roller. Einige Monate hatte ich gespart – und mir dann diesen Roller gekauft. Er war silbrig, Baujahr 1956. Und er hatte 4,3 PS. Laut Hersteller schaffte der Roller 70 Stundenkilometer Spitze. Aber dabei musste es ja nicht bleiben. Also hievte ich den Roller auf meine Werkbank und zückte den Schraubenschlüssel. In den 1950ern hat es die Polizei nicht so sehr interessiert, wenn man sein Zweirad ›entdrosselt‹ hat. Und jeder kannte die Tricks. Um meinen Roller zu frisieren, musste ich mich nur an vier Teilen zu schaffen machen: Zylinder, Auspuff, Vergaser, Ritzel – und schon lief das Ding über 100 Stundenkilometer.

In den 50er-Jahren habe ich so manches interessante Mädchen kennengelernt. Damit ich aber sicher wusste, ob sie zu mir passte, habe ich immer eine Prüfung mit ihr gemacht: Ich habe sie auf den Roller gesetzt – und dann ging's los zu einer Spritztour. Denn eine Frau musste für mich unerschrocken sein!«

Bernd erzählt weiter: »Die erste Kandidatin war Brigitte. Ich lud sie zu einer Rollertour durch den Schwarzwald ein. Aber das war nichts. Sie konnte sich bis zuletzt nicht richtig festhalten. Sie war so verkrampft, dass ich mich in keine Kurve so richtig reinlegen konnte. Da sagte ich mir: ›Also nein – die Brigitte ist nicht die richtige Frau für mich.‹

Später war ich mit Susanne unterwegs. Susanne habe ich beim Tanzen kennengelernt. Rock 'n' Roll und Twist. Susanne war eine grandiose Tänzerin. Sie bewegte ihren Körper so atemberaubend, dass ich mich manchmal nicht mehr auf meine eigenen Tanzschritte konzentrieren konnte. Aber – als ich sie zu einer Fahrt mit der Vespa einlud, ist sie glatt durch die Prüfung gefallen. Susanne kreischte. Und das nicht nur in jeder Kurve. Sondern schon hundert Meter davor – und danach immer noch. Da sagte ich mir: ›Also nein. Die Susanne ist nichts für mich. Wenn sie so laut beim Rollerfahren schreit, habe ich ja danach jedes Mal Ohrensausen.‹

Schließlich habe ich Barbara kennengelernt. Barbara wollte Sekretärin werden. Und dann heiraten und Kinder bekommen. Das gefiel mir. Eine Frau, die wusste, was sie will. Ich lud auch sie zu einer Spritztour ein. Und: Barbara hat es gefallen. Sie legte sich mit mir in die Kurven. Manchmal sang sie auf dem Rücksitz leise vor sich hin. Sie konnte zwar nicht so toll tanzen wie Susanne – aber Barbara fuhr gerne Vespa-Roller. Und darum habe ich mich dann für Barbara entschieden. Und diese Entscheidung habe ich nie bereut.

Zugegeben: Diese ›Prüfung‹ habe ich natürlich nicht so richtig ernst gemeint. Barbara hatte noch viele andere Qualitäten. Aber jetzt hatte ich wenigstens eine lustige Geschichte zu erzählen«, lacht Bernd herzlich und laut.

Aktivierungen

Quizfrage

Schätzen Sie: In welchem Jahr in den 1950ern überstieg die Zahl der Autos in Deutschland erstmals die Zahl der Motorräder?

- 1953
- 1955
- 1957

  Richtig ist: 1957

Hintergründe

Motorisierung

Die Motorisierung in Deutschland begann zunächst bescheiden. Im Jahr 1953 gab es noch zwei Millionen Krafträder – aber erst eine Million Autos. Erst 1957 überstieg die Zahl der Autos (2,4 Millionen) die der Motorräder (2,3 Millionen). Ende der 1950er-Jahre hatte jeder Dritte ein Auto.

Das Moped war in den 50ern typisches Fortbewegungsmittel. 1956 gab es zwei Millionen Mopeds. (Zum Vergleich: 2,1 Millionen Motorräder und 0,3 Millionen Motorroller).

Auch Motorräder kamen in den 50ern vermehrt auf. Gefühlt hatte jeder junge Mann ein Motorrad. Bekannte Marken waren »NSU«, »Adler« und »Horex«.

Traumberuf Sekretärin

Rund 30 Prozent der westdeutschen Frauen waren damals berufstätig. Fragte man junge Frauen nach ihrem Traumberuf, so antworteten sie häufig: Sekretärin. Eine Sekretärin schrieb mit rund 250 Anschlägen pro Minute auf ihrer mechanischen Schreibmaschine. An der Farbbanddose ihrer Maschine befand sich häufig ein Spiegel, an dem sie ihr Make-up jederzeit überprüfen konnte. Mit durchschnittlich 23 Jahren hängte eine Sekretärin ihren Beruf an den Nagel und heiratete. Rund 30 Prozent der westdeutschen Frauen waren berufstätig.

Gesprächsimpulse

Zweiräder

- Welches Zweirad wollten Sie früher fahren oder sind es vielleicht auch gefahren?
- Waren Sie darauf meist alleine oder zu zweit unterwegs? Mit wem sind Sie zusammen gefahren?
- Konnten Sie selber an Ihrem Zweirad herum schrauben – oder haben Sie dafür Hilfe gebraucht?

Beruf: Sekretärin

- Sekretärin – das war häufig ein Traumberuf in den 50er-Jahren. Was war ihr Traumberuf? Waren Sie in diesem Beruf tätig?
- Wenn nicht, was haben Sie dann gearbeitet?

Bewegung

Motorradfahren

Die Teilnehmer setzen sich bequem auf einen Stuhl, in dem sie nicht so tief einsinken, sondern sich gut bewegen können. Nun gilt es, die angekündigten Bewegungen im Sitzen nachzuahmen:

- Achtung, Rechtskurve. Wir beugen uns nach rechts. Achtung, das ist eine starke Rechtskurve. Noch weiter nach rechts beugen. Aber dabei nicht vom Stuhl fallen!
- Achtung, Linkskurve. Wir beugen uns nach links. Diesmal nicht so weit. Das ist nur eine kleine Kurve.
- Und wieder eine Rechtskurve.

- Jetzt richten wir uns einmal ganz senkrecht auf. Und wir schauen ganz weit nach vorne. Ist die Straße frei. Prima. Dann Vollgas …
- Beugen wir uns nun nach vorne und geben noch mehr Gas. Mit der rechten Hand drehen wir am Gashebel.
- Und jetzt noch einmal eine Linkskurve und wir sind angekommen. Wir stellen beide Füße fest auf den Boden.
- Jetzt schütteln wir uns Hände und Beine aus.

Europareise im kleinen Auto

Uwe K. erzählt von einer Reise mit dem Fiat Topolino nach Spanien im Jahr 1956. Warum er die erste Reise mit seiner Frau nach Spanien als »Europareise« bezeichnet, schildert er hier: »80 Kilo Gepäck haben wir in unseren Topolino gesteckt und sind so nach Spanien gefahren. Ein großes Abenteuer mit kleinem Auto. Denn die Strecke war sehr lang. Und weil die Straßen noch mit Split und Teer belegt waren, konnten wir auch höchstens 70 Stundenkilometer schnell fahren.

Unterwegs haben wir allerlei Abenteuer erlebt. Eines Morgens, als wir losfahren wollten, war z. B. die Batterie leer. Aber beim Topolino war das kein Problem. Denn da gab es eine Kurbel, mit der man den Motor von Hand anwerfen konnte – und schon lief das kleine Auto wieder.

In Frankreich blieb unser Topolino plötzlich stehen. Aber nicht irgendwo, sondern in Paris. Mitten auf einer Kreuzung. Der Polizist, der den Verkehr regelte, stoppte alle Autos und half uns, den Topolino von der Kreuzung zu schieben. Das Sprichwort stimmt eben doch: ›Die Polizei – dein Freund und Helfer.‹

Dann ist uns das Benzin einmal ausgegangen. Da waren wir schon in Spanien. Zum Glück hatte ein vorbeifahrendes Auto einen Kanister mit Ersatzbenzin dabei. Wir füllten den Tank – der befand sich beim Topolino vorne unter der Windschutzscheibe im Motorraum. Und schon ging's weiter.

Das größte Abenteuer passierte uns aber mitten in Spanien. Wir hatten uns in einer kleinen Pension eingemietet. Mitten in der Nacht klingelte ein Paar von nebenan. Die Frau war schwanger ... und hatte Wehen. Zum Glück erreichte ich die Wirtin der Pension. Sie holte eine Hebamme. So kam mitten in der Nacht in der Pension ein kleines Mädchen zur Welt. Sie nannten sie Helene. Das ist ein griechischer Name und bedeutet die »Strahlende«. Viele Jahre lang hatten wir noch Kontakt zu dieser Familie. Wir haben Helene fast jedes Jahr zum Geburtstag geschrieben.

Wir hatten also ein italienisches Auto, den Fiat Topolino, und damit fuhren wir zwei Deutschen durch Frankreich nach Spanien. Unterwegs spielte dann ein Kind mit einem griechischen Namen eine wichtige Rolle. Darum spreche ich immer von einer Europareise.«

Aktivierungen

Quizfrage

Welches Auto nannte man auch »Ente«?

- VW Käfer
- Fiat Topolino
- Citroën 2CV

  Richtig ist: Citroën 2CV

Hintergründe

»Ente«

Die »Ente« hieß eigentlich Citroën 2CV und stammt aus Frankreich. In Deutschland und Österreich wird das Auto aber »Ente« genannt, in der Schweiz »Döschwo«. Der Wagen hat einen luftgekühlten Zweizylinder-Viertakt-Boxermotor. Der Kleinwagen hatte zuerst 9 PS, ab 1954 verfügte er über 12 PS. Seine Höchstgeschwindigkeit betrug 65 Stundenkilometer. Die »Ente« kostete 2000 DM. Erst ab 1958 wurde »sie« nach Deutschland ausgeliefert.

Gesprächsimpulse

Autos

Erinnern Sie sich? Welche Kosenamen kennen Sie noch für Autos?

- Der »Käfer« war der VW 1200. Noch heute werden seine Nachfolgemodelle Käfer genannt.
- Der Kosenamen des Citroën DS hieß »Göttin«.
- Den Renault 4CV nannte man »Cremeschnittchen«.
- Der Volvo PV444/544 wurde auch »Katzenbuckel« oder »Buckelvolvo« genannt.
- »Tantchen« nannte man den Rover P4.
- Der Ford 1952er Taunus hatte den Spitznamen »Weltkugel«
- »Feuervogel« oder »Brathähnchen« nannte man den Victoria Spatz.
- Die »Knutschkugel« stammte von BMW und hieß eigentlich Isetta.
- Den Lloyd nannte man auch »Leukoplastbober«.
- »Barockengel« hieß der BMW 501 im Volksmund.
- Den VW-Bus nannte und nennt man immer noch »Bully«.
- »Haifischmaul« ist der Spitzname für den Opel Olympia Rekord.
- Der Mercedes 300 war der »Adenauer-Mercedes«.

Europa

Redensarten und Lieder, die zu einer Europareise passen – zum Raten und Ergänzen:

- Das kommt mir … (spanisch) vor.
- Leben wie Gott in … (Frankreich).
- Er sitzt hinter … (schwedischen Gardinen).
- Tulpen aus … (Amsterdam).
- Viele Wege führen nach … (Rom).
- Weiße Rosen aus … (Athen).
- Ganz Paris träumt von der … (Liebe).
- Griechischer … (Wein).
- Theo, wir fahr'n nach … (Lodz).
- Schenkt man sich Rosen in … (Tirol).
- Wien, Wien, nur du … (allein).

Bahngleise & Strafzettel

Ursula W., 84, aus Singen erinnert sich an einen Strafzettel, den sie Ende der 1950er-Jahre bekommen hat: »Mein Mann hat ein Auto gekauft. Und zwar einen Renault 4CV, den er sehr liebte. War er draußen durch den Matsch gefahren, nahm er zuhause einen Eimer und einen Lappen, um gleich den Lack des Wagens zu reinigen. Da war er sehr pingelig.

Im Jahr 1958 verfolgte Erhard, mein Mann, die Fußballweltmeisterschaft in Schweden mit unseren Nachbarn – die Familie Bergmann besaß nämlich schon einen Fernseher.

Eines Tages kam er nach Hause und sagte: ›Ich wette, Deutschland wird dieses Jahr wieder Weltmeister.‹ Ich konterte: ›Ich wette dagegen. Deutschland wird dieses Jahr nicht Weltmeister.‹ ›Wer dann?‹, fragte mein Mann. Ich hatte keine Ahnung von Fußball – wollte aber etwas sagen. Also antwortete ich: ›Brasilien.‹ Mein Mann lachte, ›nie und nimmer. Wenn Brasilien Weltmeister wird, schicke ich dich in die Fahrschule, bezahle deinen Führerschein – und werde niemals schimpfen, selbst wenn du eine Beule in meinen 4 CV fährst‹. ›Gut, dann wetten wir‹, sagte ich – und streckte ihm die Hand hin.

Und, um es kurz zu machen: Brasilien wurde 1958 Fußball-Weltmeister. Mein Mann bezahlte mir ohne Murren den Führerschein. Nach erfolgreicher Prüfung war ich dann oft mit seinem Auto unterwegs, denn Autofahren machte mir richtig Spaß. Eine Beule habe ich übrigens niemals reingefahren. Nur manchmal bekam ich einen Strafzettel, weil ich vergessen hatte, Geld in die Parkuhr einzuwerfen.

Einmal war ich gerade in der Stadt unterwegs und musste schnell nach Hause, da die Kinder bald von der Schule zurückkamen. Also drückte ich aufs Gas. Bei uns gab's damals die ›Randenbahn‹, das war eine Zuglinie. Das Bahngleis musste ich überqueren. Es war keine Schranke davor, sondern nur eine Ampel. Die Ampel war rot. Aber ich habe sie übersehen. Das lag daran, dass ich mich so auf die Straße konzentrierte und in Eile war.

So kam es, dass ich auf den Gleisen war, als sich der Zug näherte. Ich hörte es rattern und schaute erschrocken nach links. Der Zug kam langsam näher. Die Lok pfiff und hupte laut. Und ich kam gerade noch rechtzeitig von den Gleisen herunter – da rollte auch schon das Randenbähnle drüber.

Ich atmete auf. Was für ein Glück. So oft im Leben kann einem etwas passieren – und man kommt dennoch mit einem blauen Auge davon. »Gott sei Dank«, entfuhr es mir. Bald danach musste ich eine Strafe für mein schlimmes Fehlverhalten zahlen: 52 Mark. Das war ganz schön viel Geld.

Mein Mann sagte zu mir: ›Den Führerschein habe ich bezahlt. Und den 4CV darfst du jederzeit benutzen. Aber dein Lehrgeld musst du selber bezahlen. Strafe muss sein, obwohl ich ja heilfroh bin, dass nichts Schlimmes passiert ist.

Aktivierungen

Quizfrage

Welche deutsche Stadt stellte 1954 zum ersten Mal in Deutschland Parkuhren auf?

- Berlin
- Frankfurt
- Duisburg

  Richtig ist: Duisburg

Hintergründe

»Parkograph«

Mit den ersten »Parkographen« wollte man Dauerparker aus der Innenstadt vertreiben. In Duisburg wurden 20 Parkographen in der Innenstadt an der Straße »Am Buchenbaum« aufgestellt. Man nannte diese ersten Parkuhren im Volksmund auch »Groschengräber«, da man Groschen (ein Groschen war eine 10-Pfennig-Münze) einwerfen musste. Die Duisburger sprachen angesichts der 10 Pfennige pro Stunde von »Wegelagerei« und hofften auf kaltes Wetter. Bei Kälte froren die die ersten Parkographen nämlich ein … und man musste sie nicht »füttern«.

Gesprächsimpulse

Münzen

Bringen Sie einige Münzen mit, die man in Parkautomaten werfen kann. Zum Beispiel 50-Cent-, 20-Cent-, 10-Cent-, 5-Cent-Münzen oder auch – wenn Sie noch welche besitzen – alte Pfennig-Münzen.

- Machen Sie einfache Rechenaufgaben mit diesen Münzen.
- Diskutieren Sie mit den Teilnehmern, wofür man immer Kleingeld braucht.
- Sortieren Sie die Münzen nach ihren Werten.

Strafzettel

- Wofür haben Sie schon einen Strafzettel bekommen?
- Was haben Sie falsch gemacht?
- Wie viel Strafe mussten Sie zahlen?

Straßenverkehr

Redensarten und Lieder, die zum Straßenverkehr passen – zum Raten und Ergänzen:

- Er fährt einen heißen … (Reifen).
- Die Polizei – dein Freund und … (Helfer).
- Er hat mehr Glück als … (Verstand).
- Sie hat Glück im …(Unglück).

Heinz Erhardt & ich

Konrad B. erinnert sich an ein verzwicktes Erlebnis rund um seinen Spitznamen Ende der 1950er-Jahre. »Eigentlich heiße ich ja Konrad. Aber das wusste ich als Kind nicht. Denn alle Welt nannte mich Heinz. Als ich noch ein Baby war, muss ich meine Oma an Heinz Erhardt erinnert haben. Als sie mich sah, rief sie: ›Er sieht ja aus wie Heinz Erhardt.‹ Naja, ich hatte wohl ordentlich Babyspeck – und noch nicht so viele Haare auf dem Kopf. Da lag dieser Gedanke natürlich nahe«, schmunzelt Konrad B.

Er fährt fort: »Aus diesem Grund nannten mich bald alle Heinz. Meine Eltern und meine Cousins, meine Tanten und meine Nachbarn. Und ich wusste gar nicht, wie ich richtig heiße.

Das wurde mir zum Verhängnis. Eines Tages fuhr mein Vater etwas zu schnell mit dem Auto. Das muss in den 50er-Jahren gewesen sein, damals war ich knapp vier Jahre alt. Als uns die Polizei anhielt, gab es jedenfalls eine Verwechslung. Man sah mir nämlich nicht auf den ersten Blick an, dass ich das Kind meiner Eltern bin. Als einziger in der Familie war ich blond und hatte recht dunkle Haut. Und dummerweise war am Tag der Verkehrskontrolle im Nachbarort ein Kind verschwunden.

Der Polizist also nahm mich beiseite und fragte mich: ›Wie heißt du denn?‹ Ich antwortete: ›Heinz.‹ Gleichzeitig hatte ein anderer Polizist meinen Vater gefragt, wie sein Sohn heiße. Er antwortete: ›Konrad.‹ Davon wusste ich aber nichts.

Die Polizisten haben mich schließlich zu dritt befragt und auf mich eingeredet. Sie waren eigentlich ganz nett und haben es gut mit mir gemeint. Einer sagte: ›Wenn das nicht deine Eltern sind, kannst du uns das ruhig sagen. Wir sorgen dafür, dass du zu deiner Familie zurückkommst – und dir niemand etwas antut.‹ ›Aber ich heiße doch Heinz‹, weinte ich. Denn ich wusste nicht, was diese Männer in Uniform von mir wollten.

Schließlich haben die Polizisten meinen Eltern doch geglaubt – denn wir durften weiter fahren und ich bei meinen Eltern bleiben. Manchmal ist es ganz schön praktisch, wenn man seinen richtigen Namen kennt …

Aktivierungen

Quizfrage

In welchem dieser Filme spielt Heinz Erhardt nicht mit?

- Natürlich die Autofahrer
- Drillinge an Bord
- Sissi

Richtig ist: Sissi

Hintergründe

Filme mit Heinz Erhardt

Einige bekannte Filme mit Heinz Erhardt aus den 1950er-Jahren hießen: Der müde Theodor (1957); Witwer mit fünf Töchtern (1957); Immer die Radfahrer (1958); So ein Millionär hat's schwer (1958); Vater, Mutter und neun Kinder (1958); Natürlich die Autofahrer (1959); Drillinge an Bord (1959); Der letzte Fußgänger (1960).

Gesprächsimpulse

Namen

- Wie ist Ihr Vorname?
- Wissen Sie, ob Ihr Name eine Bedeutung hat? Und wenn ja, welche?
- Wie lauten die Vornamen Ihrer Geschwister?
- Wie hießen Ihre Eltern und Großeltern?

Bedeutung von Vornamen

Viele Vornamen haben eine Bedeutung. Schlagen Sie doch mal die Vornamen Ihrer Teilnehmer im Internet nach und unterhalten sich mit Ihnen darüber.

Beispiele: Helene – Sonne, Margarethe – Perle, Petra – Fels

Verwechslungen

Erzählen Sie eine Episode aus Ihrem Leben, bei der Sie verwechselt wurden oder jemanden verwechselt haben als lustige, unterhaltsame Geschichte. Fragen Sie danach:

- Gab es in Ihrem Leben ähnliche Verwechslungen?
- Wie kam es zu Verwechslungen und zu skurrilen Episoden?

Freizeit & Urlaub

Helden im Zug

Hermine W. aus Singen berichtet von ihren Erlebnissen am Bahnhof im Jahr 1954, als die deutsche Fußball-Nationalmannschaft nach ihrem Sieg in Bern mit dem Zug nach Deutschland zurückreiste. »Ich wurde im Krieg durch eine Granate verletzt. Mein rechtes Bein konnte ich nur noch unter Schmerzen aufsetzen. Aber ich ließ mich davon nicht abhalten, mein Leben zu leben und zu laufen. ›Jetzt erst recht‹, sagte ich mir.

So war das auch 1954. ›Morgen fährt die deutsche Fußball-Nationalmannschaft durch die Stadt. Mit dem Zug. Gehst du auch an den Bahnhof?‹, wurde ich von nahezu jedem gefragt, den ich traf. Das war das Tagesgespräch. Überall. Beim Bäcker. Und auch im Tante-Emma-Laden. Es ging nur um eines – die Durchfahrt der Weltmeister.

Ich hatte das Endspiel im Radio verfolgt. Gegen Ungarn. Das war spannend – 3:2 hat Deutschland gewonnen. Helmut Rahn schoss das dritte Tor in der 84. Minute, kurz vor dem Ende. Ich höre noch den Radioreporter in meinem Ohr: ›Aus! Aus! Aus! Das Spiel ist aus! Deutschland ist Weltmeister. Schlägt Ungarn mit drei zu zwo Toren im Finale in Bern.‹ Als mein Vater das hörte, packte er mich, jubelte – und warf mich vor Freude in die Luft.

›Was will ich zierliche Frau am Bahnhof?‹, fragte ich mich. ›Die ganze Stadt wird da sein. Es ist ein Geschiebe und Gedrücke. Und ich werde ohnehin nicht durchkommen. Wie soll ich es schaffen, unsere Helden zu sehen? Toni Turek oder Karl Mai. Anstatt eines Blicks auf Helmut Rahn oder Werner Liebrich bekomme ich Rippenstöße und blaue Flecken. Ist es das wert? Soll ich morgen an den Bahnhof?‹

Aber am nächsten Tag konnte ich mich nicht zurückhalten. Es war so eine Bewegung in der ganzen Stadt. ›Deutschland ist Weltmeister. Wir haben uns das erste Mal nach dem zweiten Weltkrieg qualifiziert. Und sind gleich Weltmeister geworden. Das erlebt man nur einmal im Leben. Unsere Enkel werden uns noch danach fragen.‹ Also machte ich mich auch auf den Weg zum Bahnhof. Vielleicht bekam ich ja Hans Schäfer oder Max Morlock zu sehen.

Das Chaos war riesig. So etwas hatte ich noch nie zuvor erlebt. Menschenmassen standen vor dem Bahnhof. Sie alle wollten Josef Posipal, Werner Kohlmeyer, Ottmar Walter und die anderen Spieler sehen. Es gab kein Durchkommen. Aber ich genoss die Atmosphäre. Es war laut und die Massen jubelten. Deutschland war Weltmeister. Zum ersten Mal in der jungen Geschichte der Bundesrepublik. ›Auch, wenn ich mit meinem rechten Bein nicht nach vorne komme und die Spieler sehe‹, dachte ich, ›ist es das wert. Allein diese Atmosphäre mitzuerleben, lohnt sich schon.‹

Und dann kam Günter. Günter war ein Freund meines Vaters. Er war bei der Feuerwehr. Plötzlich stand er vor mir in Feuerwehrklamotten. ›Grüß Gott, Hermine‹, rief er, ›Wir stehen hier Spalier für die Mannschaft direkt am Gleis‹. ›Ich genieße die Stimmung hier‹, antwortete ich. Günter zwinkerte mir zu: ›Wenn du willst, nehme ich dich mit nach vorne. Direkt ans Gleis.‹ ›Direkt ans Gleis‹, staunte ich, ›natürlich will ich das‹.

So griff Günter unter meine Arme, hob mich hoch und setzte mich auf seine Schulter. Er schob sich durch die Menge. Und ich bekam einen Platz in der ersten Reihe. Auf der Schulter von Günter direkt am Gleis. Hinter mir die johlende Menge. Unter mir die starken Schultern eines Feuerwehrmannes. Und vor mir tuckerte der Zug mit der deutschen Nationalmannschaft herein. Ich habe sie alle persönlich gesehen – Fritz Walter und Horst Eckel haben mir sogar zugewinkt.«

Aktivierungen

Quizfrage

Deutschland wird 1954 Fußball-Weltmeister. Welchen Beinamen trägt der Sieg der deutschen Fußball-Nationalmannschaft bei dieser Weltmeisterschaft?

- die Wiener Gewinner
- die Schweizer Überraschung
- das Wunder von Bern

  Richtig ist: das Wunder von Bern

Hintergründe

Weltmeisterschaft 1954

Die Fußball-Weltmeisterschaft fand 1954 in Bern statt. Deutschland qualifizierte sich erstmals nach dem zweiten Weltkrieg wieder für die Fußball-Weltmeisterschaft und musste sich dabei gegen die Länder Saarland und Norwegen durchsetzen. Mit 3:2 Toren gewannen die Deutschen im Endspiel gegen Ungarn. Das Spiel bot Hochspannung. Kaum acht Minuten war gespielt, da führten die Ungarn bereits mit 2:0. Aber dann kam Max Morlock und schoss das erste deutsche Tor. Helmut Rahn traf kurze Zeit später und schaffte den Ausgleich. Und sechs Minuten vor Schluss traf Helmut Rahn noch einmal. So gewann Deutschland das Turnier und wurde Weltmeister. Nach dem Krieg war das eine Sensation für die Deutschen und weckte wieder ein nationales Zusammengehörigkeitsgefühl. Deutschland war das erste Land, das im Turnierverlauf zunächst ein Spiel verlor; später aber dennoch Weltmeister wurde.

Saarland

Das Saarland gehört erst seit 1957 wieder als Bundesland zur Bundesrepublik Deutschland. Von 1920–1935 unterstand es dem Völkerbund. Von 1945–1957 war das Saarland Frankreich unterstellt. Bei der Qualifikation zur Fußballweltmeisterschaft 1954 spielte die Bundesrepublik noch gegen das Saarland. Erst durch die Volksabstimmung von 1957 wurde das Saarland wieder deutsch.

Gesprächsimpulse

Sport

- Welche Sportarten haben Sie gemacht?
- Welchen Sport schauen Sie im Fernsehen am liebsten?
- Gibt es Sportarten, die Sie gar nicht mögen und wenn ja warum nicht?

Fußball-Spielplan

Bringen Sie einen Spielplan von der Fußball-Weltmeisterschaft oder der Bundesliga mit. Vielleicht gibt es sogar eine aktuelle Meisterschaft oder Sie haben die Möglichkeit alte Spielpläne zu nutzen. Diskutieren Sie mit den Teilnehmern die Paarungen und die Einschätzungen der Einzelnen.

Fußball-Sprüche

Was bedeuten die folgenden Sprüche? Gehen Sie mit den Teilnehmern in die Diskussion.

- Der Ball ist rund und ein Spiel dauert 90 Minuten.
- Elf Freunde müsst ihr sein.
- Das Runde muss ins Eckige.
- Abseits ist, wenn der Schiedsrichter pfeift.

Tageszeitung und Zeitschrtiften
Bringen Sie den Sportteil einer Tageszeitung oder eine Zeitschrift über Fußball oder Sport mit. Lesen Sie die Beiträge gemeinsam und fachsimpeln Sie mit den Teilnehmern.

Bewegung

Luftballonspiele
Die Teilnehmer setzen sich in einem Kreis zusammen und spielen sich einen großen Luftballon gegenseitig zu. Dabei dürfen Hände und Füße benutzt werden. Der Ballon soll den Fußboden nicht berühren.

Die Teilnehmer setzen sich in einem Kreis zusammen und spielen sich einen großen Luftballon gegenseitig zu. Wer den Ballon weiterspielt, nennt ein Land, das einmal an der Fußball-Weltmeisterschaft teilgenommen hat (… oder andere Länder). Alternativ können auch die Namen von Fußballspielern gesagt werden.

Unser erster Urlaub

Dieter R. aus Tuttlingen erzählt, wie er in den 1950er-Jahren unerwartet zu seinem ersten Urlaub kam. Er sagt: »Ich kann nicht so gut mit Zahlen. Aus diesem Grund war immer meine Frau Ute für die Finanzen zuständig.

In der Fabrik habe ich jeden Monat meine Lohntüte bekommen und bin damit nach Hause gegangen. Dort hatten wir eine Schublade in der Kommode, in die ich die Lohntüte mit dem ganzen Geld hinein steckte. Wenn ich Geld brauchte, sagte ich zu meiner Frau: ›Ich gehe ein Bier trinken. Gibst du mir Geld? Oder: Heute gehen wir Kegeln. Zehn Mark würde ich gern mitnehmen.‹ Das hat immer bestens geklappt. Ich musste nie über Geld nachdenken und hatte immer alles, was ich brauchte.

Meine Frau war eine gute Verwalterin der Finanzen. Eines Tages hatte sie eine Überraschung für mich. Sie sagte: ›Dieter, ich habe eine gute Nachricht. Wir haben tausend Mark gespart.‹ ›Wie denn das?‹, fragte ich. Ute lächelte: ›Ich habe von deinem Lohn immer ein wenig zurück gelegt.‹ ›Das ist ja prima‹, strahlte ich, ›dann fahren wir in den Urlaub.‹ Ute war begeistert: ›Ich würde gern nach Österreich fahren. So wie die Hoffmanns von nebenan.‹

Gesagt, getan. So packten wir bald unsere Koffer, luden sie in unseren Opel Olympia und schon ging es los in den Urlaub nach Österreich. Es war eine unbekannte Welt für mich. Die Alpen mit ihren schneeüberdeckten Gipfeln habe ich zuvor höchstens mal gesehen, wenn wir am Wochenende zu einer Spritztour in den Hegau fuhren. Von dort aus konnte man bei Fönwetter die Alpenkette gut erkennen. Doch jetzt war ich mittendrin in der Bergwelt der Alpen. Spontan fielen uns viele Schlager ein, die das Nachbarland besungen, etwa: »Wien, Wien, nur du allein«, »Du bist die Rose vom Wörthersee« oder »Bei uns in Tirol«.

Urlaub in Österreich – das hatte viele Vorteile und war für mich viel attraktiver als Urlaub in manch anderen Ländern. Denn ich musste keine fremde Sprache lernen. Dennoch klang alles irgendwie anders und charmanter. Wir hatten einerseits das Gefühl, in der Ferne zu sein und waren andererseits doch irgendwie zuhause.

Es war auch ein bisschen eine besondere Beziehung zwischen Deutschland und Österreich. Die Österreicher galten als gemütlich, sodass wir Wirtschaftswunder-Deutschen ein bisschen neidisch auf das Alpenvolk waren. Gleichzeitig schauten wir aber auch etwas arrogant auf sie herab, weil wir uns als strebsamer und fleißiger empfanden.

Ute und ich fühlten uns jedenfalls in unserem ersten Urlaub dort pudelwohl, sodass noch viele weitere Urlaube in unserem Nachbarland folgten.

Aktivierungen

Gesprächsimpulse

Spezialitäten

Nennen Sie einige österreichische Spezialitäten, z. B.:

- Kaiserschmarrn
- Wiener Schnitzel
- Mozartkugeln
- Sacher-Torte
- Apfelstrudel
- Palatschinken
- Germknödel
- Tafelspitz
- Servietenknödel
- Frittaten

Fehlersuche

Was ist an diesen Liedtexten falsch? Die Lösung steht im hinteren Teil.

- »Ganz Berlin träumt von der Liebe.« Richtig: »Ganz **Paris** träumt von der Liebe.«
- »Ludwig, wir fahrn nach Lodz.« Richtig: »**Theo**, wir fahrn nach Lodz.«
- »Wenn zu Hause die rote Sonne im Meer versinkt.« Richtig: »Wenn **auf Capri** die rote Sonne im Meer versinkt.«

- »Bern, Bern, nur du allein sollst die Stadt meiner Träume sein.« Richtig: »**Wien, Wien**, nur du allein sollst die Stadt meiner Träume sein.«
- »Rosen aus Amsterdam.« Richtig: »**Tulpen** aus Amsterdam.«

Hauptstädte

Wie heißen die Hauptstädte?

- Deutschland – Berlin
- Schweiz – Bern
- Österreich – Wien
- Italien – Rom
- Niederlande – Amsterdam
- Frankreich – Paris
- Spanien – Madrid
- England – London
- Russland – Moskau
- Norwegen – Oslo
- Schweden – Stockholm

Auf zu Onkel Peter

Die 73-jährige Anette H. aus Berlin erzählt über ihre Urlaubserlebnisse als Kind: »In den Ferien sollte ich zum ersten Mal alleine zu meinem Onkel fahren. Mit dem Zug. Mama brachte mich zur U-Bahn. Dann fragte sie mich: ›Sag mir nochmal, wie alle Stationen heißen!‹ Da habe ich ihr alle Haltestellen aufgezählt. Noch heute kann ich mich an die Endhaltestelle erinnern – Krumme Lanke. ›Prima!‹, sagte meine Mutter, ›dann kann ja nichts mehr schief laufen. Und wenn du da bist, musst du nur noch bis zu Onkel Peter nach Hause marschieren. Den Weg kennst du ja‹.

Ich freute mich darauf, zu Onkel Peter zu fahren. Dieses Jahr war es mir aber schon etwas mulmig. Denn zum ersten Mal fuhr ich alleine mit der U-Bahn. Und prompt lief alles schief …

Neben mir saßen eine Frau und ein Mann, die sich laut stritten. ›Nein, wir brauchen kein Auto!‹, meckerte die Frau. Darauf der Mann: ›Doch, wenn wir noch ein Jahr sparen, können wir uns einen Renault 4CV leisten.‹ Der Streit brachte mich ziemlich durcheinander. Zudem hielt der Zug an drei Haltestellen nicht, die eigentlich im Fahrplan vermerkt waren. Ich war komplett verwirrt und bin dann einfach beim nächsten Halt ausgestiegen. ›Aber sieht hier nicht alles anders aus als in den letzten Jahren?‹, fragte ich mich. Meine Verunsicherung war riesig. Wo war ich bloß?

›Oh nein‹, weinte ich, ›was soll ich jetzt tun?‹ Ich vergrub meinen Kopf in den Händen und heulte vor mich hin. ›Kann ich dir helfen?‹, hörte ich eine Stimme und spürte eine Hand auf meiner Schulter. Ich blickte auf, sah verschwommen hinter meinem Tränenvorhang einen Mann. Seine Stimme kam mir bekannt vor. Mit meiner Schürze wischte ich mir die Augen und blickte in das Gesicht von Onkel Peter. Dankbar warf ich mich in seine Arme.

›Was tust du denn hier?‹, rief ich. Onkel Peter lachte: ›Schau mal, ich habe mir ein neues Auto gekauft. Einen VW Karmann-Ghia. Und damit hole ich dich jetzt ab.‹ Er deutete auf einen blauen, blitzenden Sportwagen. ›Bin ich doch nicht am falschen Bahnhof ausgestiegen?‹, überlegte ich laut. Onkel Peter schmunzelte: ›Nein, du bist hier genau am richtigen Bahnhof ausgestiegen.‹

Wie ich mich darüber freute. Erleichtert stieg ich in den neuen Sportwagen und fuhr mit zu ihm nach Hause in meine Ferien.

Aktivierungen

Gesprächsimpulse

Urlaub

- Welche Länder haben Sie mit Ihren Eltern als Kind bereist?
- In welchen Ländern waren Sie als junger Erwachsener?
- Wie sind Sie verreist?
- Wo haben Sie Ihren Urlaub gern verbracht?
- Mit wem sind Sie später in den Urlaub gefahren?
- Wo haben Sie übernachtet?
- Was haben Sie in Ihrem Urlaub unternommen?

Berliner Spezialitäten

Welche Berliner Spezialitäten kennen die Teilnehmer?

- Currywurst
- Berliner Weiße
- Aal grün
- Berliner (Krapfen, Pfannkuchen)
- Bulette (Frikadelle)
- Rollmops
- Soleier

  Tipp: Planen Sie doch mal zusammen mit der Hauswirtschaft ein Berliner Büfett!

Haltestellen

Nennen Sie Haltestellen Ihnen bekannter Städte. Am besten ist natürlich die Heimatstadt geeignet. Nutzen sie diese Impulse, um über die Nutzung von öffentlichen Verkehrsmitteln oder die früheren Arbeitswege zu sprechen.

- Berlin: Friedrichstraße, Krumme Lanke, Zoologischer Garten …

- Stuttgart: Neckarpark, Staatsgalerie, Feuersee, Marienplatz …
- Hannover: Kröpcke, Steintor, Aegidientorplatz …

Franco aus Italien

Familie B. aus Hildesheim fuhr Anfang der 1950er-Jahre mit dem Bus nach Italien. Die Tochter Jutta (Jahrgang 1943) erinnert sich an diese für sie ganz besondere Reise: »Mein Vater fragte eines Tages: ›Was haltet ihr von einer Reise?‹. Wir Kinder waren überrascht, eine Reise hatten wir noch nie unternommen. ›Na klar‹, erklärte mein Vater. ›Mein Arbeitskollege hatte in diesem Sommer eine Reise nach Italien mit seiner Familie geplant. Eine Busreise. Jetzt ist er aber krank geworden. Wir könnten nun an seiner Stelle nach Italien fahren.‹ ›Das ist ja klasse‹, freuten sich mein Bruder und ich.

So ging es bald ans Kofferpacken. Die Vorfreude war groß.

Die Busfahrt nach Italien war für mich ein Gefühl, als würden wir in eine andere Welt kommen. In der Toskana habe ich zum ersten Mal Olivenbäume gesehen. Und später sogar Palmen und natürlich das Meer! Papa strahlte, als er aus dem Fenster des Busses blickte, ›das gibt's bei uns in Hildesheim nicht‹, freute er sich.

Für mich war das Beste an diesem Urlaub eine Begegnung am Strand: mit Franco. Nein, Franco war kein heißblütiger italienischer Junge. Franco trottete uns vielmehr am Strand entgegen – mit weißem Fell, großen braunen Augen und einer schwarzen feuchten Nase. Franco war ein kleiner Hund, ein Pudel. Drei schwarze Pfoten hatte er. Sein restliches Fell war weiß. Er war ganz alleine unterwegs, sah uns und setzte sich ganz selbstverständlich zu uns. Meine Mutter ermahnte uns, ihn weder zu streicheln noch zu füttern. Schließlich wussten wir nicht, ob er so friedlich war wie er aussah. Eine Weile hielten wir uns daran. Doch irgendwann ging es nicht mehr anders … wir kraulten den kleinen Kerl nach Herzenslust. Auch bekam er ab und an etwas zu Fressen zugesteckt.

Nachdem er uns von nun an jeden Tag am Strand besuchte, gaben wir ihm den Namen Franco. Schließlich war er ja Italiener. Schnell hatte ich ihn richtig lieb gewonnen. Er wurde mein Freund und Spielkamerad.

Eines Tages zockelte er uns auch hinterher, als wir abends zum Hotel marschierten. Meine Eltern bemerkten das gar nicht, da sie aufmerksam über die Tipps aus ihrem Reiseführer von Baedecker sprachen. Der war ziemlich populär in den 50ern. Diesen alten Reiseführer habe ich heute noch, er ist inzwischen bestimmt eine Rarität. Auf jeden Fall fand Franco so von meinen Eltern unbemerkt den Weg zu unserem Hotel. Nun besuchte er uns auch dort regelmäßig.

Doch dann kam der Tag der Abreise. Wir mussten uns von Franco verabschieden. Nachdem wir ihn noch einmal ausgiebig gestreichelt hatten, verschwand er. Ich war sehr traurig und setzte mich auf meinen Platz im Bus. Die Tränen liefen mir übers Gesicht. Der Busfahrer packte derweil die Koffer in die Ladeklappen im unteren Bereich des Busses, schloss die Luken und wir fuhren los.

Der Bus war schon längst über den Gotthard gefahren, als wir eine längere Pause einlegten. Da hörte plötzlich jemand ein Geräusch unten im Bus. ›Was ist das?‹, fragte ein Mann. Und jemand anderes rief: ›Das muss aus dem Kofferraum kommen. Da unten.‹ Wir hörten alle genau hin – es quietschte und kratzte im Gepäckraum!

Schließlich öffnete der Busfahrer die Luke des Kofferraums. Und wer kam zum Vorschein? Ein kleines, weißes Etwas mit drei schwarzen Pfoten. Unsicher schauten braune Augen aus dem Gepäckraum. Und dann sprang er heraus: Franco. Er lief direkt auf mich zu. Ich rief ›Franco‹ und schloss den kleinen Pudel in meine Arme.

Meine Mutter lächelte. Vater runzelte die Stirn. Was sollte nun passieren? ›Kann Franco nicht bei uns bleiben?‹, bettelte ich voller Aufregung. Meine Eltern hatten schließlich ein Einsehen: ›Gut, dann kannst du ihn behalten. Du musst aber auch regelmäßig mit ihm spazieren gehen und dich gut um ihn kümmern.‹ Ich war überglücklich.

So blieb Franco also bei uns und lebte noch viele Jahre mit uns in Hildesheim. Wenn mich jemand fragte, wo ich denn den Hund her hatte, sagte ich immer: ›Das ist mein Urlaubsfreund aus Italien.‹

Aktivierungen

Quizfrage

Welches Land war das beliebteste Reiseziel der Westdeutschen in den 1950er-Jahren?

- England
- Italien
- Frankreich

Richtig ist: Italien

Hintergründe

Anfang der 1950er-Jahre bestand das Freizeitvergnügen der Deutschen in der Regel aus einem Sonntagsausflug mit der Familie. Für Kinder war es das Größte, wenn sie eine eisgekühlte Limonade oder Brause bekamen. Bald setzte aber das Reisefieber ein. Braungebrannte Gesichter und Beine hoben das Sozialprestige mächtig an. Bereits 1953 bot das Reisebüro Dr.

Tiggers erste Pauschalreisen nach Mallorca an. Bekannte Reiseveranstalter der 50er waren »Scharnow Bahn und Flugreisen«, »Dr. Tiggers Fahrten«, »Touropa« und »Hummel-Reisen«. Hummel, Scharnow und Touropa gründeten zusammen die »Deutsche Flugtouristik« und boten für Deutschland das erste Flugprogramm an. 1955 entstanden zudem die »Trans Europa Flug- und Schiffsreisen«. 1955 hatte jeder zweite Westdeutsche mindestens eine Urlaubsreise unternommen – bald danach konnte beinahe jeder Deutsche einmal im Jahr verreisen.

Das beliebteste Reiseland war Italien. Um eine sichere An- und Rückfahrt nach Italien zu gewährleisten, begann man 1959 mit dem Bau der Brenner-Autobahn. Bis dahin mussten sich die Autos und Busse in Richtung Süden und zurück über die Haarnadelkurven und starken Steigungen der Alpenpässe quälen.

Gesprächsimpulse

Urlaub

- Wohin sind Sie in Ihrem ersten Urlaub gefahren?
- Wie sind Sie unterwegs gewesen? (Bus, Auto, Bahn, Flugzeug …)
- Haben Sie gerne Mitbringsel von Ihren Reisen mitgebracht? Wenn ja, welche?

Haustiere

- Welches Haustier haben Sie besessen und wie hat es geheißen?
- Was mögen Sie an Hunden besonders gerne?
- Was mögen Sie an Katzen besonders gerne?

Redensarten-Mix

Zwei Redensarten oder Lieder sind hier vermischt. Welche lassen sich erkennen?

- »Wenn einer eine Reise tut, dann hat er Gold im Mund.«
  Besteht aus:
  - »Wenn einer eine Reise tut, dann kann er viel erzählen.«
  - »Morgenstund' hat Gold im Mund.«
- »Das Wandern ist des Glückes Schmied«
  Besteht aus:
  - »Das Wandern ist des Müllers Lust.«
  - »Jeder ist seines Glückes Schmied.«
- »Der Lauscher an der Wand schickt er in die weite Welt.«
  Besteht aus:
  - »Wem Gott will rechte Gunst erweisen, den schickt er in die weite Welt.«
  - »Der Lauscher an der Wand hört die eigene Schand'.«

Städte von A-Z

Lassen Sie große Städte von A–Z in der Reihenfolge des Alphabets aufzählen.

Beispiele: Aachen, Berlin, Chemnitz, Düsseldorf, Essen, Freiburg, Hamburg, Ingolstadt, Jever …

Tipp: Variieren Sie mit internationalen Städten.

Beispiele: Amsterdam, Bern, Casablanca, Dallas, Edinburgh, Florenz, Genf, Helsinki, Istanbul …

Aktivitäten

Was kann man beim Reisen alles unternehmen?

Wandern, schwimmen, ein Museum besuchen, in einem Café sitzen, Sehenswürdigkeiten anschauen, Ski fahren, campen, lesen, grillen …

Hula-Hoop in bunten Kleidern

Angela N., 77 Jahre, aus Berlin erzählt von ihren Jugenderlebnissen im Garten und am Wannsee: »Ich hatte zwei Schwestern, Eva und Helga. Helga war die Jüngste, ich die Mittlere und unsere große Schwester hieß Eva. Wir haben mit Mamas Nähmaschine unsere eigenen Kleider genäht. Meine Mutter hat uns Schnittmuster aus Zeitschriften ausgeschnitten. Und Papa hat ganze Säcke mit Stoffresten aus der Fabrik mitgebracht.

Im Garten haben wir dann eine kleine Modenschau aufgeführt. ›Schau mal‹, sagte meine kleine Schwester eines Nachmittags und deutete unauffällig zum Nachbarhaus. Der Vorhang hatte sich bewegt. Der Nachbarjunge Norbert fand offenbar Gefallen an unserer Modenschau.

Kein Wunder, dass Norbert große Augen bekam. Helga präsentierte sich im roten, ich im gelben und Eva im grünen Kleid. Die Kleider waren mit Blumen und Mustern verziert. Nur die kleine Helga hatte die Schultern bedeckt. Eva und ich dagegen hatten uns schulterfreie Kleider geschneidert. Gemeinsam war allen Kleidern, dass sie die Taille betonten und die Röcke unten weit und salopp geschnitten waren.

›Ich hole mal die Hula-Hoop-Reifen‹, rief Helga. Schon verschwand sie im Haus. Bald standen wir alle drei im Garten und ließen die Hüften mit den Reifen kreisen. Als wir müde wurden, machten wir es uns auf der Hollywood-Schaukel gemütlich. Für Norbert waren wir drei Mädels mit den bunten Kleidern und unseren kreisenden Hüften bestimmt sehenswert …

Eines Tages machten wir einen Ausflug zum Badesee. Eva hatte gerade den Führerschein gemacht. Mit Papas Auto, einer ›Ente‹, ging es los – samt Badeklamotten, Handtüchern und Hula-Hoop-Reifen. Natürlich hatten wir auch noch Proviant in Form von Grillwürstchen dabei.

›Schaut nur, ein kleiner Steg‹, rief Helga. Schon schlüpfte sie in ihren Bikini, rannte auf den Holzsteg und sprang ins Wasser. Ich tat es ihr gleich. Die Kühle des Wassers tat uns beiden gut. Eva rief uns hinterher: ›Da hinten kommt Rauch aus dem Wald. Ich glaube, da ist ein Feuer, an dem wir grillen können. Ich gehe mal nachschauen.‹

Währenddessen tauchten Helga und ich unter und schwammen in den See hinein. ›Hallo, die Damen‹, hörte ich eine Stimme, als ich wieder auftauchte. Es war die Stimme eines jungen Mannes – Norbert, unser Nachbar. Wo war er nur her gekommen? Er war plötzlich aus dem Wasser aufgetaucht. So eine Überraschung.

Norbert erklärte: ›Ich bin mit zwei Freunden da. Sie haben da draußen schon ein Feuer gemacht. Wenn ihr Lust habt, können wir zusammen grillen.‹ ›Gerne‹, antwortete ich. ›Unsere Schwester Eva hat sich gerade auf den Weg zu dem Feuer gemacht.‹ Helga und ich kletterten aus dem Wasser. Ich reichte Norbert die Hand – und half ihm heraus.

Es wurde ein schöner Tag. Wir tanzten – Männer wie Frauen – mit den Hula-Hoop-Reifen, grillten und schwammen. Und den Rest können Sie sich ja denken …«

Aktivierungen

Quizfrage

Mit welchem Schlager wurde Cornelia Froboess als Kinderstar bekannt?

- »Pack die Badehose ein«
- »Weißer Holunder«
- »Heimweh«

Richtig ist: »Pack die Badehose ein«

Hintergründe

Cornelia Froboess

1951 hatte Cornelia Froboess ihren ersten Bühnenauftritt mit »Pack die Badehose ein«. Sie wurde damit zum Kinderstar. Froboess wurde als lockere und spontane Berliner Göre wahrgenommen.

Tipp: Singen Sie gemeinsam den Schlager »Pack die Badehose ein«

Hollywoodschaukel

Das Sitzmöbel wurde durch Filme aus Hollywood beliebt. Wer einen Garten hatte, schaukelte an Sommernachmittagen gerne darin wie die Filmstars aus den USA.

Hula-Hoop-Reifen

Jeder schien Ende der 1950er-Jahre mit einem Hula-Hoop-Reifen um die Hüften zu kreisen. 1958 wurden 25 Millionen solcher Reifen innerhalb von vier Monaten weltweit verkauft.

Bewegung

Hula-Hoop-Reifen

Setzen Sie sich in einen Kreis und geben Sie einen Reifen von einer Person zur anderen weiter. Dabei kann der Reifen mal auf Brusthöhe, auf Schulterhöhe oder über Kopf gehalten werden.

Abkühlung gefällig?

Ist es draußen heiß, kann man sich nach der Bewegungsübung abkühlen, indem jeder Teilnehmer einen großen Eimer erhält, der am Boden mit kühlem Wasser (etwas kälter als die Körpertemperatur) gefüllt ist. Dort hinein kann jeder seine Füße stellen.

Alternativ können Sie für jeden Zuhörer einen nassen, kühlen Waschlappen mitbringen. Damit können die Unterarme der Teilnehmer gekühlt werden.

Gesprächsimpulse

Nähen

Bringen Sie ein Nähkästchen und bunte Stoffreste mit. Betrachten und befühlen Sie gemeinsam die Stoffreste. Überlegen Sie, welcher Stoff für welches Kleidungsstück geeignet wäre. Räumen Sie das Nähzubehör aus dem Kasten und diskutieren Sie das einzelne Zubehör.

Jukebox in der Milchbar

Opa Frank B. (Jahrgang 1930) aus Freiburg hört mit seiner zehnjährigen Urenkelin Svenja Musik. Da fragt Svenja: »Opa, wie habt ihr früher eigentlich Musik gehört?« Der Opa antwortet: »Wir hatten die Musikbox. Ich erzähle dir davon.«

Svenja setzt sich zum Opa an den Tisch. Dieser erzählt von früher: »Wir waren damals oft in der Milchbar. Dort gab es Bananenmilch und Eis, Schokoladenmilch und Sahne. Und damals haben die Leute viel getanzt!« Svenja fragt: »Und wie war das mit der Musikbox?«

Opa schaut vor sich hin und träumt von den 50ern. »Wir hatten in unserer Milchbar eine MSN Fanfare. So hieß die Jukebox. Ein silbriger Kasten. Mit vielen Knöpfen dran. Wer einen Groschen eingeworfen hat, durfte bestimmen, was getanzt wird: ›Jailhouse Rock‹, ›Tutti Frutti‹ oder ›Long Tall Sally‹.

»Und wie hat so eine Musikbox funktioniert?«, überlegt Urenkelin Svenja laut. Opa Frank hilft: »In der Jukebox waren 100 Schallplatten. Zehn Pfennig rein und den Knopf mit dem gewünschten Titel gedrückt. Dann hat sich das Schallplattenkarussell gedreht und der Greifarm die gewünschte Schallplatte auf den Plattenteller gelegt. Dann hat sich der Tonarm mit der Nadel auf die sich drehende Schallplatte gesenkt, und die Musik ging los. Schon konnten wir das Tanzbein schwingen und eine flotte Sohle auf das Parkett legen.«

Svenja fragt: »Was habt ihr damals getanzt?« Frank lacht: »Zum Beispiel Twist. Damals hat man den Twist für gefährlich gehalten. Ärzte warnten, dass man sich Knie und Kreuz kaputt machen würde. Aber darauf haben wir gepfiffen. Und eines Abends war da eine hübsche junge Frau – Gisela.« »Gisela?« Svenja lächelt und Opa pfeift schmunzelnd vor sich hin.

»Und dann gab es noch den Boogie«, erklärt der Opa. Der Boogie galt als schmutziger, etwas verruchter Tanz. So zum Beispiel ›Jailhouse Rock‹. Manche Tanzlehrer haben den Boogie darum nicht unterrichtet. Also haben wir ihn im Hinterzimmer der Milchbar gelernt. Abgeschaut und selber ausprobiert. Das hatte etwas Verbotenes.« Svenja fragt: »Habt ihr denn Boogie getanzt?« »Aber natürlich«, lächelt Opa Frank verschmitzt. »Das kann ich mir ja gar nicht vorstellen«, antwortet Svenja. Der Opa nickt. »Da staunst du, was? Und wir haben sogar Rock 'n' Roll getanzt. Bill Haley war damals natürlich aktuell. Beim Rock 'n' Roll ging es ganz schön zur Sache. Ein schneller Takt. Ich wirbelte Gisela nur so durch die Luft.«

Svenja legt den Kopf schief: »Ich habe das schon einmal im Fernsehen gesehen, Rock 'n' Roll. Das ist ja richtig sportlich mit den ganzen Hebefiguren und dem Herumwirbeln. Hattest du keine Angst, dass etwas passiert?« Opa Frank nickt: »Manchmal ging es ganz schön knapp zu. Ich weiß noch: Einmal bin ich ganz schön erschrocken. Gisela flog auf mich zu – und es war richtig knapp.« »Und dann?« »Dann habe ich sie gerade noch aufgefangen. Aber ich war ziemlich erschrocken. Was, wenn ihr etwas passiert wäre? Nicht auszudenken. Darum habe ich sie dann gleich gefragt, ob sie meine Frau werden will.« »Und?« »Sie hat Ja gesagt«, lächelt Frank. »Und heute hat Gisela eine Urenkelin, die mir gerade viele Fragen stellt.«

Aktivierungen

Hintergründe

Musikbox

Die Musikbox oder Jukebox gehörte in den 1950-Jahren in Gaststätten und Spielhallen zum Inventar. Sie ermöglichte ein persönliches Wunschkonzert. Besonders bekannt sind die Musikboxen der Firmen Rock-Ola und Wurlitzer.

Milch-Shake

Bieten Sie einen Milchshake an. Sie können dazu eine Kugel Eis in Milch mixen. Oder Sie pürieren frisches Obst klein und mischen es in Milch. Dekorieren Sie die einzelnen Shakes mit Strohhalmen und Papierschirmchen.

Gesprächsimpulse

Tänze

Zählen Sie doch mal alle Tänze auf, die Sie kennen.

Beispiele: Boogie Woogie, Cha-Cha-Cha, Mambo, Rock 'n' Roll, Twist, Foxtrott, Walzer, Rumba, Charleston, Flamenco, Tango, Polka …

Alternativ können Sie auch versuchen zu jedem Buchstaben des Alphabets einen Tanz zu finden.

Bewegung

Tänzchen?

Kennen Sie noch Tanzschritte? Machen Sie doch einmal den Tanzschritt eines bestimmten Tanzes vor – oder machen Sie gemeinsam ein Tänzchen.

Sitztanz Lollipop

- Die Teilnehmer setzen sich in einen Kreis oder in eine Reihe.
- Jeder klatscht sich mit beiden Händen zweimal auf seine Oberschenkel.
- Nun das ganze nach rechts versetzt – jeder klatscht mit seiner linken Hand zweimal auf seinen rechten Oberschenkel. Und mit seiner rechten Hand zweimal auf den linken Oberschenkel des rechten Sitzpartners.
- Jetzt klatscht jeder wieder mit beiden Händen zweimal auf seine Oberschenkel.
- Und nun klatschen alle zweimal nach links versetzt – jeder klatscht mit seiner rechten Hand zweimal auf seinen linken Oberschenkel. Und mit seiner linken Hand zweimal auf den rechten Oberschenkel des linken Sitzpartners.

Gesellschaft & Kultur

Schweben, stolpern und schwatzen

Die achtzigjährige Jutta W. aus Limburg erzählt von einer Tanzparty in den 1950er-Jahren. Und dabei erinnert sie sich besonders an die Mode von damals: »Wir wollten anders sein – anders als unsere Eltern und älteren Geschwister. Wir wollten aussehen wie die Teenager in den Musikfilmen von Peter Kraus. Oder so, wie die Jugendlichen aus der neuen Zeitschrift ›Bravo‹.

Eines Abends ging ich tanzen. Unter den dünnen Nylonstrümpfen fror ich ganz schön an den Beinen, und meine Pumps drückten an den Füßen. Meinen Petticoat, diesen weiten Unterrock, hatte ich mit Kartoffelstärke selber gesteift. Ich trug einen Pferdeschwanz und meine Stirnfransen sahen aus wie von Mausezähnen ausgebissen. Dazu waren die Lippen mit Lippenstift rot gemalt. So ging es in den Tanzsaal.

Ich setzte mich an einen Tisch nahe der Tanzfläche. Die Paare tanzten Rock 'n' Roll und Twist. Ein junger Mann betrat den Tanzsaal. Er hatte blonde Haare und einige Sommersprossen rund um die Nase. Seine braun geriffelte Cordjacke hängte er an die Garderobe. Er trug ein schwarzes Hemd. Es war offen und gab den Blick auf ein weißes Unterhemd mit halblangen Ärmeln frei. Aber nicht das war das Interessante, sondern seine Muskeln. Sofort war ich wie verzaubert von ihm. Ich murmelte: ›Ich glaube, mich hat's erwischt. Ich bin verliebt.‹ Ich schaute den jungen Mann aufmerksam an. Wohl einen Augenblick zu lange, denn gleich kam er zu mir: ›Darf ich zum Tanz bitten?‹ ›Oh, natürlich‹, antwortete ich.

Wir schwebten über die Tanzfläche. Joachim – so hieß der junge Mann – war ein wundervoller Tänzer. Er führte mich gut übers Parkett und hatte sichtlich Spaß am Tanz. Danach war ich aber ziemlich enttäuscht. Wir setzten uns an einen Tisch. Joachim räusperte sich. Ich schluckte. Wir wussten einfach nicht, was wir miteinander reden sollten und schwiegen uns eine Weile an. Schließlich setzten sich einige andere junge Leute zu uns an den Tisch. Endlich kam eine Unterhaltung in Gang. Munter plauderten wir los – über James Dean und seine Filme und natürlich über Elvis Presley und Rock 'n' Roll.

Schließlich bat mich einer der anderen Jugendlichen zum Tanz: Holger, ein eher unauffälliger Kerl. Holgers Haare waren braun und kurz. Sie waren nach hinten gekämmt und er trug einen Scheitel. Der junge Mann war etwas korpulent und trug ein weißes Nylonhemd. Der Schlips war mit einem Windsorknoten zusammen gebunden. Über dem Hemd trug er ein ›Nicki‹, ein gelbes Tuch. Darüber eine Strickjacke.

Holger war kein guter Tänzer. Ehrlich gesagt, war er ein miserabler Tänzer. Immerzu kam er aus dem Takt. Er brachte die Schritte durcheinander und begann mit dem falschen Fuß. Und er machte zu große Schritte. Dadurch sind wir ständig mit anderen Paaren zusammen gestoßen. ›Oh, Entschuldigung‹, sagten wir immer wieder. Oder: ›Pardon.‹ Doch Holger hatte so eine fröhliche Art, dass ich ihm alles verzeihen musste. Die großen Schritte, all die Rempler und die Tatsache, dass er dauernd aus dem Takt kam. Wir tanzten einen Tanz nach dem anderen und hatten in den Pausen viel zu reden. Ich habe mich mit ihm sehr amüsiert und wohl gefühlt.

An diesem Abend lernte ich eine wichtige Lektion: An einem Mann sind nicht die Muskeln das Wichtigste. Und auch nicht, wie er tanzen kann. Sondern, dass er mir zuhört und mich ernst nimmt.«

Aktivierungen

Quizfrage

Wie hießen die weit gesteiften Röcke, die die Mädchen Anfang der 50er-Jahre unter ihrem Rock trugen?

- Petticoat
- Babydoll
- Blue Jeans

  Richtig ist: Petticoat

Hintergründe

Petticoat

Petticoat setzt sich aus zwei Begriffen zusammen: Das französische »petit« bedeutet »klein«, »coat« ist englisch und heißt »Umhang«. Der Petticoat ist ein weiter und bauschiger Unterrock. Er besteht aus versteiften Nylon- und Perlonstoffen. Er wird unter langen, taillenbetonten Röcken getragen und unterstützt die Form dieser Röcke.

Babydoll

Ein Babydoll ist ein Sommerpyjama mit Pumphöschen, Puffärmeln und rosa oder himmelblauen Spitzen - benannt nach der Hauptfigur des gleichnamigen Films aus dem Jahr 1956.

Blue Jeans

Blue Jeans waren in den 50ern ebenfalls in. Wenn sie hauteng sein sollten, stiegen die Jugendlichen damit in die warme Badewanne. Das nasse Gewebe wurde anschließend am Körper getrocknet – das Ergebnis war eine hauteng anliegende Jeans.

Gesprächsimpulse

Kleidung

- Was war Ihre Lieblingskleidung?
- Haben Sie Wert auf moderne Kleidung gelegt?
- Waren Sie eher bequem oder chic gekleidet?
- Hatten Sie stets neue Klamotten – oder haben Sie Ihre Kleidung lange getragen?

Moderne Begriffe

Auch die Sprache geht mit der Mode. Folgende Begriffe wurden in den 1950er-Jahren modern. Kennen Sie diese Begriffe und was fällt Ihnen zu ihnen ein?

- Teenager
- Bundesrepublik
- Gangster
- Star
- Rendezvous
- Düsenjäger
- Milchshake
- Cornflakes
- Band
- Jukebox
- Camping
- Aufklärung
- Party
- Session
- Playboy
- Bikini

Sprichworte

Lassen Sie die Redensarten zum Thema »Kleidung« vervollständigen. Die richtigen Antworten stehen in Klammern. Lesen Sie die Sprüche langsam vor und machen Sie eine Pause, wenn das Ende erraten werden soll. Kann Ihr Zuhörer die Redensart nicht ergänzen, vollenden Sie den Satz selber – ohne dem Gegenüber das Gefühl zu vermitteln, versagt zu haben.

- Mein Hut der hat drei … (Ecken).
- Das ist doch Jacke wie … (Hose).
- Das letzte Hemd hat keine … (Taschen).
- Er macht sich auf die … (Socken).

Milchhäuschen

Renate K. wuchs in einem kleinen Dorf bei Marburg in Hessen auf. Sie berichtet: »Auf dem Land lief alles noch viel gemütlicher ab in den 50er-Jahren. Dies lag auch daran, dass man fernab der Stadt nicht alles mitbekommen hat. Bei uns im Dorf kannte man die ›Milchbar‹ und auch den ›Milchpilz‹ noch nicht.

Sonntags blies ein Jugendlicher mit der Trompete im Wald. Dann sind wir alle aus dem Dorf in den Wald gelaufen und haben gespielt: Räuber und Gendarm. Den ganzen Nachmittag.

Vom Leben in der Stadt wussten wir Landkinder damals nicht so viel. In der Stadt kamen die ersten Milchbars auf, wo sich die jungen Leute trafen. Auf dem Land gab es nur das Milchhäuschen. Doch das war etwas ganz anderes Dort brachten die Landwirte ihre Milch in Kannen hin. Und die Bevölkerung kaufte die Milch dort. Eingetragen wurde das ins Milchbüchlein – darin wurde aufgeschrieben, wie viel Milch wir bekommen hatten. Einmal monatlich ist dann die Rechnung gekommen, die wir auf dem Rathaus bezahlten.

Einmal hatte ich meine Milchkanne irgendwo hin gestellt und nicht mehr darauf geachtet. Ein Junge hat Blödsinn gemacht und meine Kanne in den Bach entleert, aus lauter Übermut. Da mich die Verkäuferin kannte, hat sie mir im Milchhäuschen rasch eine neue Kanne gefüllt und gesagt: ›Nächstes Mal passt du halt besser auf.‹

Aber nicht nur mit Milch wurde im Milchhäuschen gehandelt, sondern auch mit Informationen. Wer den neuesten Dorfklatsch wissen wollte, ging am besten ins Milchhäuschen. Denn dort trafen sich die Menschen aus dem Dorf und berichteten die neuesten Dinge: ›Du, die Tochter des Wirtes ist schwanger. Würde mich interessieren, ob die jetzt heiratet‹, ›Bei den Schneiders hängt der Haussegen schief. Kein Wunder – die Schwiegermutter hat ja die Nase auch überall drin‹, ›Der Huber hat ein neues Auto gekauft. Einen VW Käfer. Für was braucht der überhaupt ein Auto?‹«

Renate K. erzählt: »In den 1950ern war es für viele Familien üblich, dass die Kinder aus der Stadt nach ihrer Schulzeit für ein Jahr auf dem Land arbeiteten. Die jungen Frauen arbeiteten im Haushalt mit, die Männer im Stall und auf dem Feld.

So auch Michael«, lächelt Renate. »Michael war mein Schwarm in der Jugend. Er kam aus Marburg. Und er hatte blasse Haut – anders als wir Landkinder. Wir Landkinder waren frische Luft und Sonne gewöhnt und hatten schon im Frühjahr gebräunte Haut.

»Im Milchhäuschen habe ich Michael zum ersten Mal gesehen«, erinnert sich Renate K. »Er war etwas schüchtern. Und unbeholfen. Ich sehe ihn noch vor mit. Mit seiner blassen Haut, seinen blauen Augen und den braunen Haaren. Da stand er mit seiner Milchkanne aus Aluminium. Und er wusste nicht so recht, wie er die Milch hinein schütten sollte. Da habe ich es ihm gezeigt. Und am Abend sind wir uns wieder begegnet. Draußen. Wir saßen mit einigen Jugendlichen hinter einem Haus. Und schauten in den Himmel. Dabei vergaßen wir alle Zeit und freuten uns über die vielen Sterne. Und da, plötzlich: eine Sternschnuppe.«

»Ich wusste, was man macht, wenn man eine Sternschnuppe sieht«, erinnert sich Renate. »Dann darf man sich etwas wünschen. Ich habe mir tatsächlich etwas gewünscht – einen Kuss von Michael. Renate lächelt verschmitzt: »Den Kuss habe ich tatsächlich bekommen. Am gleichen Abend noch. Aber mehr verrate ich nicht.«

Aktivierungen

Quizfrage

Wo trafen sich junge Leute aus der Stadt gerne in ihrer Freizeit?

- Kaffeehaus
- Bibliothek
- Milchbar

  Richtig ist: Milchbar

Hintergründe

Auf dem Land kannte man das Milchhäuschen. In der Stadt waren die Milchbar und an manchen Orten Milchpilze beliebt.

Milchbar

Alkohol durfte an junge Leute erst ab 21 Jahren ausgeschenkt werden. Aber die Milchbar klang für die damalige Jugend doch schon ein wenig nach Cocktailbar – und wurde ein echter Hit. Und im heißen Sommer ging nichts über ein leckeres Eis – natürlich in der Milchbar.

Milchpilze

Ab 1952 gab es auch einige »Milchpilze«. Das waren Kioske in Form eines Fliegenpilzes – bedacht von einem roten »Hut« mit weißen Tupfen. Dort gab es Milch, Eis und Sahne zu kaufen. Bananenmilch und das Eis Capri-Becher brachten das Flair fremder Länder in die Heimat. Noch heute gibt es einen Milchpilz. Und zwar in Regensburg.

Gesprächsimpulse

Kennen Sie diese Begriffe aus den 50er-Jahren und was bedeuten sie?

- Backfisch = heranwachsendes Mädchen

- steiler Zahn = hübsches Mädchen
- einen Zahn aufreißen = mit einem Mädchen anbandeln
- Laufwerk = Mädchenbeine
- Girl = Mädchen
- Kumpel = Freund
- Kutte = Kleidungsstück
- Lulle = Zigarette

Klatsch & Tratsch in der Kirchgasse

Marion S. stammt aus einem Dorf bei München. Sie erzählt, wie sie in ihrer Kindheit in den 50er-Jahren den Dorfklatsch über Frauen und Männer erlebt hat: »Ich lebte in einem kleinen Dorf, in der Kirchgasse. Um uns herum war alles schön grün und beschaulich. Es gab viele Kühe und Schweine. Wir hatten aber keinen Laden im Dorf. Statt eines Tante-Emma-Ladens kamen Händler in unsere Straße. Von vielem Klatsch und Tratsch aus den 50ern kann ich nicht mehr sagen, wann ich ihn gehört habe. Aber ich weiß noch genau, wo ich ihn gehört habe.

Zum Beispiel beim Bäcker: Bäcker Breitkamp brauste jeden Morgen mit dem blauen ›Bully‹ heran. Ich hörte den VW Bus laut hupen. Die Reifen quietschten beim Bremsen. Herr Breitkamp öffnete die Luke seines Wagens. Es roch nach frisch gebackenem Brot – und nach geschmolzenen Bremsen. Ich gab meine Bestellung auf: ›Bitte ein halbes Pfund Vollkornbrot und ein halbes Graubrot.‹ ›Gerne. Das macht zusammen 85 Pfennige.‹

Hinter mir hörte ich schon zwei Nachbarinnen tuscheln. Frau Steiner und Frau Leitmeier: ›Hast du das schon gehört?‹ ›Was denn?‹ ›Der Schmied!‹ ›Ach so. Der Schmied.‹ ›Er hat Ärger bekommen. Wegen Kuppelei!‹ ›Wegen Kuppelei?‹ ›Ja, er hat ein

Zimmer vermietet. An den Sohn vom Bergmann und eine Frau aus der Stadt.‹ ›Kuppelei. Ja, das geschieht ihm gerade recht.‹ Damals wusste ich noch nicht, was Kuppelei ist. Da war ich noch zu jung dazu.

Dann gab es natürlich noch den Scherenschleifer. Er hatte eine Kurbel und daran einen Schleifstein. Wenn der Scherenschleifer in der Straße war, brachte man alle stumpfen Messer und Scheren zu ihm. So lange man warten musste, hatten die Leute auch viel Zeit zum Reden. Als ich auf die Messer wartete, habe ich die Geschichte von Prinzessin Margaret und Oberst Townsend gehört. Frau Steiner und Frau Leitmeier wussten wieder alles ganz genau.

Die Geschichte spielte in England. Margaret war die jüngere Schwester von Elizabeth. Elizabeth wurde die spätere Königin von England. Und die Königstochter Margaret verliebte sich in den Stallmeister Townsend. Aber sie durften nicht heiraten. Denn Peter Townsend war 16 Jahre älter als Margaret, bürgerlich und dann auch noch geschieden. Keine gute Wahl für eine Königstochter. Letztlich gab Margaret nach. Sie verzichtete darauf, ihre große Liebe zu heiraten. Sie soll sogar einen Abschiedsbrief im Radio vorgelesen haben. Frau Leitmeier hat es gehört. Und sie war sich sicher, dass Margaret dabei geweint hat.

Dann gab es noch den blinden Bürstenhändler, der im Krieg verwundet worden war und darum nicht mehr sehen konnte. Er hatte einen Bauchladen mit Schuhcreme. Außerdem verkaufte er Schuhbendel. Als Bürstenhändler sicherte er seiner Familie den Lebensunterhalt. Er hatte ein altes Fahrrad dabei. Das hatte vorn und hinten einen Achter und war platt. Aber darauf hatte er seinen ganzen Krempel geladen.

Beim Bürstenhändler hat Frau Steiner eines Tages von einer Hochzeit erzählt. Fürst Rainer III. von Monaco heiratete die

Schauspielerin Grace Kelly. Der Fürst und die Schauspielerin hatten sich kennengelernt, als sie sich zusammen für die Filmfestspiele stark machten.

Für mich das Schönste war aber stets der Verkaufsbus mit den Lebensmitteln, der jede Woche zweimal ins Dorf kam. Man ging zur einen Tür hinein und lief durch – und ging an der anderen Tür wieder raus. An den Seiten befanden sich Regale. Es war eng im Bus. Und wenn zwei Personen aneinander vorbei wollten, mussten sie den Bauch einziehen. Gerade wenn Frau Leitmeier und Frau Steiner einkauften – dann wurde es richtig eng im Bus. Denn beide hatten einen dicken Bauch.

Und im Einkaufsbus unterhielten sie sich über eine andere Frau mit dickem Bauch: Die Studentin Farah Diba hatte den Schah von Persien geheiratet. Nun war sie schwanger. Und bald sollte sie ein Kind bekommen.

In den 50ern ist viel passiert. Aber, egal ob nah oder fern – stets verbinde ich die Ereignisse mit Frau Steiner und Frau Leitmeier und dem gemütlichen Einkauf bei uns in der Kirchgasse.

Aktivierungen

Hintergründe

Kuppeleiparagraf

Der Kuppelei konnte man sich schuldig machen, wenn man ein Zimmer an ein unverheiratetes Paar vermietete. Ehe und Familie waren die Ideale, da christliche Wurzeln die Gesellschaftsform prägten. Da vielfach das christliche Fundament in den Familien fehlte, wurde das aber oft zur Heuchelei.

Auch war ein Ehebruch auf Antrag ein Strafdelikt – der geschiedene Partner durfte den »Grund der Scheidung«, also den »Ehebrecher« nicht heiraten.

Gesprächsimpulse

Zeitungs-/Zeitschriftenrunde

Bringen Sie Tages- oder Wochenzeitungen und Zeitschriften mit. Machen Sie sich gemeinsam auf die Suche nach Neuigkeiten von Königshäusern oder anderen Prominenten. Welches Paar hat geheiratet? Wer hat ein Kind bekommen? Wer hat sich getrennt? Wer ist gerade wo im Urlaub?

Länderquiz

Bringen Sie eine Deutschland- bzw. Europakarte mit. Machen Sie sich gemeinsam auf die Suche nach verschiedenen Städten und Ländern, in denen es Königshäuser gibt, z. B. Spanien, England, Monaco …

Gibt es auch Städte und Länder, die mit der Biografie Ihrer Zuhörer zu tun haben? Suchen Sie diese gemeinsam.

Redensarten

Redensarten, die zum Thema Klatsch und Tratsch passen – zum Raten und Ergänzen:

- Unter jedem Dach ein … (Ach).
- Was du nicht willst, was man dir tu, das … (füg auch keinem andern zu.)
- Redet einer schlecht von dir, so sei es ihm erlaubt – du aber lebe so, dass … (keiner es ihm glaubt.)

Einkaufen früher und heute

- Kennen Sie Verkaufswagen von früher, die in die Straße kamen?
- Wie haben Sie früher eingekauft?
- Kennen Sie einen Tante-Emma-Laden?
- Wie sah die Theke aus?
- Erinnern Sie sich an die Verkäuferin?

Reparieren statt wegwerfen

Paul und Emilie R., 87 und 82 Jahre alt, haben kürzlich wieder Hochzeitstag gefeiert. Emilie erzählt: »Es sind ja schon viele, viele Jahre, die wir verheiratet sind. Wir haben vor ein paar Jahren ein seltenes Jubiläum gehabt: Diamantene Hochzeit. Wir waren damals 60 Jahre verheiratet. Denn wir haben in den 50ern geheiratet.«

Paul ergänzt: »Mein erstes Auto war ein BMW Isetta. Nicht umsonst hatte der den Spitznamen Knutschkugel. Oh weh – war es da eng drin. In diesem Wagen ist es auch passiert. Dort habe ich meiner Frau den Heiratsantrag gemacht. Wir fuhren gerade über eine holprige Straße, und die Knutschkugel hat ganz schön gescheppert. Wahrscheinlich, Emilie, hast Du Dich deshalb nicht getraut Nein zu sagen.«

»Von wegen«, lacht Emilie. »Ich habe keinen gekannt, der so toll Twist tanzen konnte wie Du, Paul. Im Nachhinein habe ich zwar gedacht: Das war ein ganz schön blöder Grund, Dich zu heiraten. Aber die Ehe hat dennoch gehalten. Und wir haben uns mit den Jahren immer mehr schätzen und lieben gelernt.«

Paul erläutert: »Ich werde immer wieder gefragt, warum unsere Ehe so gut gehalten hat. Die jungen Leute sagen: Das ist ja erstaunlich, wo doch heute so viele Ehen wieder geschieden werden. Aber wir antworten immer das Gleiche.«

»Genau«, nickt Emilie. »Wir sagen stets: Wir sind in einer Zeit aufgewachsen, in der man kaputte Dinge wieder repariert hat. Und so haben wir es mit unserer Ehe auch gemacht. Wir haben nie die Hoffnung aufgegeben – und wenn es Probleme gab, haben wir die gelöst und unsere Beziehung repariert.«

Die Knutschkugel von Paul ist schon lange kaputt. Aber die Ehe von Emilie und Paul hat viele Jahrzehnte gehalten. Und Paul ergänzt: »Und wir sind immer noch glücklich.«

Aktivierungen

Hintergründe

Frauen- und Männernamen

In den 50er-Namen waren andere Namen modern als heute. Zählen Sie doch einmal Vornamen von Frauen und Männern von A–Z auf. Sie müssen nicht nur aus den 1950er-Jahren stammen. Und – es ist auch nicht schlimm, wenn Sie zu manchen Buchstaben keine Namen finden:

Beispiel: Angelika/Axel; Birgit/Bernd; Cornelia/Christian; Dagmar/Dirk; Eva/Ernst; Frauke/Frank; Gabriele/Günter; Helga/Hans; Ingrid/Isidor; Jutta/Jürgen; Karin/Klaus; Lisa/Lutz; Monika/Manfred; Nora/Norbert; Petra/Peter; Regina/Rolf; Sabine/Stefan; Tamara/Thomas; Ursula/Udo; Verena/Volker; Wilma/Wolfgang; Xenia/Xaver.

Gesprächsimpulse

Dinge, die zusammen gehören

Männer und Frauen passen gut zusammen. Bringen Sie einige Gegenstände mit, die ebenfalls zusammen gehören und ordnen diese einander zu.

Beispiele: Gabel & Löffel, Nadel & Faden, Schuh & Socken; Tasse & Kaffeelöffel … (Den Schwierigkeitsgrad können Sie leicht variieren, indem Sie mehr oder weniger Gegenstände/Paare verwenden).

Heiratsantrag

- Haben Sie einen Heiratsantrag bekommen oder einen gemacht?
- Wann und wo passierte das?
- War er lange geplant oder spontan?
- Wo haben Sie sich kennengelernt?
- War Ihre Ehe arrangiert, z. B. von den Eltern oder Freunden?

Hochzeit

- Wo haben Sie geheiratet?
- Wann haben Sie geheiratet?
- Wie lief der Gottesdienst ab? Wo haben Sie gefeiert?
- Gab es besondere Programmpunkte während der Hochzeitsfeier?

Eheringe

- Sind Sie verheiratet?
  Wenn ja:
  - Wie sieht Ihr Ehering aus?
  - Wo haben Sie ihn gekauft?

  Wenn nein:
  - Haben Sie immer einen anderen Ring getragen?

Der Geruch der 50er

»Wie rochen die 1950er-Jahre?« – Auf diese Frage gibt es keine allgemeingültige Antwort. Doch viele Zeitzeugen verbinden mit dieser Zeit bestimmte Gerüche. Welche das sind, berichten ein paar von ihnen:

Nach Pfefferminz

Cornelia T. aus Heidelberg arbeitete Ende der 50er-Jahre im Verkauf. Da wollte jeder frisch riechen, erinnert sie sich. »Darum riechen die 50er für mich vor allem nach Pfefferminz-Bonbons.« Sie sagt: »Den Begriff ›atemfrisch‹ habe ich zum ersten Mal in diesem Jahrzehnt gehört. Überall roch es nach Pfefferminze. Es gab Dr. Hiller®-Rollen – weiß verpackt und rund. Außerdem Vivil®. Vivil® war viereckig. Am Rand höher, in der Mitte eine Versenkung. Sogar Plastikspender gab es dazu. Außerdem gab es Warenautomaten, in die man Geld stecken konnte und dann das gewünschte Pfefferminz bekam. So waren die Minz-Bonbons fast überall erhältlich.«

Nach Kernseife, Holz und Kohle

Heike K. aus Bad Harzburg war in den 50ern ein Kind – sie erinnert sich vor allem an den typischen Geruch des allwöchentlichen Bade-Rituals: »Wir hatten einen verzinkten Waschzuber. Eine Art Wanne, in der alle Familienmitglieder gebadet haben. Am Samstag füllte mein Vater den Zuber mit warmem Wasser. Einer nach dem anderen ist dann in den Zuber gestiegen und hat drin gebadet. Wir waren vier Kinder. Zum Glück war ich die zweitälteste. So war das Wasser fast noch frisch.

Das Wasser fürs Bad wurde mit einem Heizkessel erhitzt. Darum roch es immer nach Holz und Kohle im Bad. Und natürlich nach der Kernseife, mit der wir uns gegenseitig abschrubbten.«

Nach Cola und Sahnetorte

Regina T. aus Kaufbeuren erinnert sich daran, dass man in den 50ern gerne und viel gegessen hat. Sie schildert: »Überall waren sie präsent: Die Werbe-Schilder für Coca Cola® und Afri Cola®. Es war chic, Cola zu trinken. Und für Kinder und Jugendliche war es das Größte, wenn sie ein Glas Cola bekamen. Ich habe heute noch den süßen Geruch von Cola in der Nase.

Und es gab auch jede Menge zu Essen in den 50ern. Kein Wunder, dass die meisten Menschen dick waren. Einschließlich mir. Meine Tante Moni zeigte immer auf ihren runden Bauch und sagte: ›Guck mal, alles mein Geld!‹ Wenn es bei einem Kaffeeklatsch keine Sahnetorte gab, beklagte sich Onkel Willi: ›Das ist ja noch wie in Reichmark-Zeiten.‹

Die 50er-Jahre riechen für mich nach Cola und Sahne-Torte, nach Butterkuchen und nach süßen Dosenfrüchten.«

Nach Schweiß

Karl H. aus Füssen arbeitete in den 1950er-Jahren als Maurer - und hat nebenher noch sein eigenes Haus gebaut. Für ihn hat dieses Jahrzehnt vor allem nach Schweiß gerochen: »Schweiß, Schweiß, Schweiß. Immer und überall roch es nach Schweiß und Arbeit. Anfang der 50er habe ich angefangen, mein Haus zu bauen. Und da war ich nicht der Einzige. Schon morgens wurde ich vom Hämmern und Rütteln der Nachbarbaustellen geweckt. Und dann ging es auch für mich los. Bereits bevor ich zur Arbeit ging, werkelte ich ein oder zwei Stunden an der Baustelle zu Hause. Es roch also schon nach Schweiß, bevor ich zur Arbeit ging.

Als Maurer hatte ich dann auch ein hohes Pensum zu erfüllen. In acht Stunden musste ich 800 Steine vermauern. Schweiß, Schweiß, Schweiß. Wo man hin roch. Überall Schweiß. Das waren die 50er-Jahre für mich.«

Nach Brot

Für Maria N. aus Bonn war der Geruch nach frisch gebackenem Brot der schönste Geruch, den sie mit den 50ern verbindet: »In meiner Kindheit in den Vierzigern hatten wir nichts. Wir waren sechs Geschwister. Ab und zu hat meine Mutter ein Brot geschenkt bekommen. Das war dann aber meist schon älter und etwas hart.

In den 50er-Jahren schließlich hatten wir einen eigenen Backofen. Und eigenes Mehl! Es war wundervoll, wenn wir zuhause Brot gebacken haben – dann hat es überall nach Teig und frisch gebackenem Brot gerochen. Ein richtiges Fest.

Ganz besonders habe ich noch das Frühstück am Sonntag in Erinnerung. Damals hatten wir den ersten Toaster. Dann roch die ganze Küche nach getoastetem Brot. Und dazu kam der Geruch nach frischem Bohnenkaffee und selbst gemachter Marmelade.

Übrigens gab es in den 50er-Jahren abschließbare Brotkästen. Heute unvorstellbar. Aber die Angst vor dem Verhungern war noch tief in unser Gedächtnis eingegraben. Aus diesem Grund wollte man wohl auf Nummer sicher gehen – und hat ein Schloss an die Brotkästen gebaut.

Die 50er rochen für mich vor allem nach Brot. Das war ein schöner Geruch.«

Nach Zigaretten

Werner H. aus Buxtehude hat Anfang der 1950er-Jahre geraucht. Er erinnert sich an diese Zeit: »Es gab kaum einen Ortseingang, an dem nicht Reklameschilder für Juno®-Zigaretten, Eckstein® oder Golddollar® hingen. Im Kino und in Zeitschriften gab es ebenfalls Zigaretten-Werbung. Ich kann mich noch an einen Werbespruch erinnern. Der hieß: ›Für lebensfrohe Menschen.‹ Und in einem Werbespot sah man eine Gruppe junger Erwachsener, fröhlicher Menschen am Strand.[1]

Fast alle in meinem Freundeskreis haben damals geraucht. Und auch sonst war das Rauchen weit verbreitet. Ich habe Eckstein® geraucht. Wir rauchten in Kneipen und zuhause beim Essen. Auf der Baustelle und bei der Arbeit. Rauchen war normal. Fast jeder rauchte. Das gehörte dazu.

Wenn Sie mich nach dem Duft der 50er-Jahre fragen, war das der Geruch nach Tabak und Zigaretten.«

---

[1] Diese Werbung ist im historischen Kontext zu sehen und nach den heutigen gesetzlichen Vorschriften nicht mehr zulässig.

Aktivierungen

Quizfrage

Eckstein® und Juno® sind zwei Marken der 1950er-Jahre. Um welches Produkt handelt es sich?

- Kernseife
- Zigaretten
- Pfefferminz-Bonbons

  Richtig ist: Zigaretten

Hintergründe

Zigaretten

Zigaretten waren in den 1950er-Jahren günstig. Und Rauchen galt als positiv. Etwa vier von fünf Männern rauchten in dieser Zeit und rund jede vierte Frau. Erst als die gesundheitlichen Folgen des Rauchens bekannter wurden, ging die Zahl der Raucher langsam zurück.

Gesprächsimpulse

Geruch

Welchen Geruch haben die 50er-Jahre in Ihrer Erinnerung? Beispiele: Kaffee, Braten, Zigaretten, Bier, Wein, Milchshakes, Pommes frites …

Alltag & Haushalt

Am Küchentisch

Silvia T. erinnert sich daran, wie sie als Kind in den 1950er-Jahren am Küchentisch gespielt hat: »Gerne saß ich auf unserer Eckbank in der Küche. Nur eins war manchmal ein bisschen eklig: Wenn es im Sommer heiß war, blieb ich nach einer Weile mit den Beinen und dem Po stets an der Plastikfolie der Bank kleben. Ich erinnere mich heute noch an das schmatzende Geräusch beim Aufstehen, wenn sich der Rock langsam wieder von der Eckbank löste.

Meine Mutter erklärte mir: ›Bis 12:00 Uhr kannst du noch spielen. Dann kommt der Papa und wir essen.‹ Ich schaute auf die Küchenuhr. Sie sah aus wie ein farblich verdrehtes Spiegelei: Die Uhr hatte die Form einer gelben Wolke. Innen drin ein weißes, rundes Ziffernblatt. ›Also habe ich noch ein bisschen Zeit‹, freute ich mich. Ich hob die Sitzfläche der Eckbank. Darin befand sich eine kleine Wanne. Zu meiner Mutter sagte ich: ›Dann bade ich jetzt noch meine Puppe.‹ Mutter lächelte. ›Schön, mach das.‹

Um 12:00 Uhr kam er dann tatsächlich – mein Papa. Er hatte Mittagspause. Ich erinnere mich daran, wie der große Papa mitten im Raum stand, zwischen den weiß-braun karierten Vorhängen und den blauen Hängeschränken. Meine Mutter fragte ihn dann immer, wie es bei der Arbeit lief. Und Vater erzählte, während Mutti an den gelben, roten und blauen Töpfen auf dem Herd werkelte.

Eines Tages erklärte er: ›Ich habe im Laden etwas entdeckt – und mitgebracht.‹ Er langte in seine Tasche. Behutsam packte er einen viereckigen Kasten aus Holz aus. Dieser hatte oben eine Kurbel. Und unten ein Fach. Mutter strahlte: ›Oh, eine Kaffeehandmühle.‹ Papa erklärte: ›Hat sechs Mark gekostet.‹

Mutter füllte Kaffeebohnen in die Mühle und stellte die Mühle auf den Tisch: ›Schau mal, Silvia, die kleine Kurbel. Da kannst du jetzt mal dran drehen.‹ Das ließ ich mir nicht zweimal sagen. Ich drehte und drehte – und erinnere mich noch heute an den köstlichen Duft, den der Kaffee in der Küche verbreitete.

›Einen neuen Plastikeimer habe ich auch mitgebracht‹, ergänzte mein Vater. ›Der hat drei Mark gekostet.‹ Er steht draußen im Flur. Während meine Eltern sich weiter unterhielten, begann ich mit den Fingern abzuzählen, wie viel Kaffeemühle und Eimer zusammen gekostet hatten. Sechs plus drei. Schnell hatte ich die Lösung abgezählt: Sieben, acht, neun. ›Papa, das sind zusammen neun Mark‹, rief ich. ›Bravo, Silvia‹, lobte mich mein Vater. Er griff noch einmal in seine Tasche, zog eine rote Rose heraus und reichte sie meiner Mutter. Dann fragte er mich: ›Und wie viel ist es, wenn die Rose nochmal eine Mark gekostet hat.‹ Ich rief. ›Dann sind es genau zehn Mark.‹«

Aktivierungen

Quizfrage

Wie nannte man in den 1950er-Jahren einen Tisch, der die Form eines menschlichen Organs hat?

- Milztisch
- Lebertisch
- Nierentisch

  Richtig ist: Nierentisch

Hintergründe

Möbel der 50er-Jahre

Der Nierentisch war bewusst ohne Ecken gestaltet. Die Tischplatte asymmetrisch geformt, wie eine Niere. Die Oberfläche war mit Resopal, einem Kunststoff, beschichtet. Die drei dünnen Beine waren schräg nach unten ausgestellt.

Viele deutsche Wohnungen zierte in den 50er-Jahren der Nierentisch. Nierentisch, Tütenlampe, Cocktailsessel – das waren Absagen an klare geometrische Formen. Diese Möbel waren weder rund noch eckig. Eine neue Zeit fing an. Die Möbel sollten »modern« sein.

Auf den Tapeten befanden sich abstrakte Muster. Meist waren die Vorhänge groß- und die Tapeten kleingemustert. Stühle und Sofas waren mit Schaumgummi gefüllt. Die Stühle mit Plastik bezogen, oft bunt gepunktet oder schwarzweiß gestrichelt.

Was Staub fing, galt als altmodisch und verstaubt. Alles war abwaschbar: Die Kunststoffböden (oft rot, gelb oder schwarz gemustert) ebenso wie das versiegelte Kleinstparkett.

Eine Neuschöpfung der Rundfunkindustrie kommt ab 1958 in die deutschen Wohnzimmer: Die Stereo-Musiktruhe mit Radio, Schallplattenspieler und Tonbandgerät für das Zuhause. Sie war nicht nur ein elektronisches Musikgerät, sondern schmückte auch als Möbelstück die Wohnzimmer in dieser Zeit.

Gesprächsimpulse

Möbel

- Welche Möbelstücke hatten Sie in den 50er-Jahren im Wohnzimmer stehen?
- Hatten Sie ein Lieblingsmöbel?
- Welche Farben hatten Ihre Möbel?
- Haben Sie sich eine Musiktruhe leisten können?
- Welche Musik haben Sie am liebsten gehört?

Besser essen

Andrea N. aus Dortmund erinnert sich an die ersten Kochshows im Fernsehen in den 50er-Jahren: »Eines Tages schickte mich meine Mutter zum Metzger: ›Bitte hole mir mal fünf Schnitzel. Beim Wilmenrod im Fernsehen gab's gestern Schnitzel. Das will ich auch mal wieder machen.‹ Aber: In der Metzgerei gab es keine Schnitzel mehr. Zwei Straßen weiter beim anderen Fleischer hatte ich ebenfalls kein Glück. ›Schnitzel? Ausverkauft!‹ Ich versuchte mein Glück in einer dritten Metzgerei. Aber auch da: Keine Schnitzel mehr da. Die Verkäuferin zuckte nur mit den Schultern und sagte: ›Kein Wunder. Der Wilmenrod hat gestern Schnitzel gekocht. Das wollen sie heute alle nachkochen. In der ganzen Stadt wirst du keine Schnitzel mehr bekommen. Versuche es doch morgen wieder.‹

Clemens Wilmenrod war tatsächlich Star der Küche in den 1950er-Jahren. Ich habe ihn noch vor Augen. Er hantierte in seiner Fernsehküche herum, und wir waren von seiner launigen Art und seinen pfiffigen Ideen beeindruckt. Dabei war er gar kein Koch, sondern Schauspieler. Und seine Fernsehküche sah bunt und zusammengewürfelt aus, nicht professioneller als unsere Küche zuhause. Seine Begrüßungen waren meist ziemlich lustig: ›Ihr lieben, goldigen Menschen‹ oder: ›Verehrte Feinschmeckergemeinde‹. Freitagabends sammelten sich die Hausfrauen in den Häusern, in denen es einen Fernseher gab und schauten bei Wilmenrod zu. Am nächsten Tag stürmten sie die Läden, um das Gesehene nachzukochen.

Er schaffte es, mit einer kurzen Sendung großes Interesse am Kochen zu wecken. Manchmal durfte ich am Freitagabend sogar länger wach bleiben. Nur, um Wilmenrod beim Kochen zuschauen zu können. Sein Markenzeichen war eine Küchenschürze – darauf war sein Portrait karikiert. Schwarze Haare, eine Stirnglatze und ein Schnauzbart.

Ich sehe immer noch Wilmenrods Sendung mit dem Rezept ›Gefüllte Erdbeere‹ vor meinem inneren Auge. Der Koch erzählte von einem Urlaub im Süden und wie er den Blütenstiel aus einer Erdbeere gedreht hat. Dabei bemerkte er den sich bildenden Hohlraum in der Frucht. Dann habe er tagelang darüber gebrütet, wie man diesen Hohlraum füllen könne und habe die Idee gehabt: mit einer Mandel. Diese schlichte Sommer-Überraschung hat es bei uns Zuhause danach tatsächlich häufig gegeben.

Heute gibt es zahlreiche Kochshows im Fernsehen. Kaum macht man den Fernseher an, wird irgendwo ein Ei aufgeschlagen. Aber: Heute schafft es kein Fernsehkoch mehr, dass am nächsten Tag alle Schnitzel in der ganzen Stadt ausverkauft sind. Das konnte nur der Wilmenrod!«

Aktivierungen

Quizfrage

Wer erfand den »Toast Hawaii«?

- Johann Lafer
- Clemens Wilmenrod
- Alfred Biolek

Richtig ist: Clemens Wilmenrod

Hintergründe

Clemens Wilmenrod

Clemens Wilmenrod war der erste sogenannte TV-Koch, der vor laufender Kamera überraschende Leckereien zauberte. Er stellte in seinen Kochshows ausgefallene Rezepte vor. Seine Sendungen hießen »Bitte, in zehn Minuten zu Tisch« und »Clemens

Wilmenrod bittet zu Tisch«. Unvergessen ist etwa sein »Arabisches Reiterfleisch«, das in Wirklichkeit ein schlichtes Gericht mit Hackfleisch war. Apropos Fleisch: In den 50er-Jahren haben die Menschen doppelt so viele Kartoffeln gegessen wie heute. Fleisch kam in der Regel nur einmal pro Woche auf den Tisch.

Tipp

Gefüllte Erdbeere

»Kochen« Sie es doch einmal nach: gefüllte Erdbeere – den Blütenstiel der Frucht vorsichtig herausdrehen und eine Mandel in die Erdbeere stecken. Fertig ist ein raffinierter, leckerer Fingerfood.

Den Originalfilm zum Rezept »Gefüllte Erdbeere« mit Clemens Wilmenrod finden Sie im Internet. Vielleicht wecken Sie damit Erinnerungen.

Rätsel

Welche Zutaten benötigt man für einen Toast Hawaii?

Antwort: Toastbrot, Schinken, Ananas, Käse, eine Cocktailkirsche oder Preiselbeeren zur Dekoration.

Gesprächsimpulse

- Welches waren Ihre Lieblingsrezepte?
- Was hat Ihre Frau/Ihr Mann am liebsten gegessen?
- Kennen Sie Rezepte mit ulkigen Namen? Beispielsweise: Falscher Hase, Kalter Hund, Armer Ritter, Himmel und Erde, Handkäse mit Musik, Verlorene Eier …

Drei Goldstücke

Die Neunzigjährige Elke M. aus Bergneustadt erinnert sich, wie in den 1950er-Jahren nach und nach Haushaltsgeräte aufkamen, die das Reinigen und die Hausarbeit erleichterten: »Wir hatten vier Kinder. Sie sind Ende der 40er und in den 50ern geboren. Mein Mann sagte damals oft ›Du bist aber blass‹ Aber mich hat meine Blässe eigentlich nicht gewundert. Es ist eben anstrengend, vier Kinder auf die Welt zu bringen und sich um sie zu kümmern.

Außerdem mussten wir die ganze Wäsche damals von Hand waschen. Ein Waschtrog war im Keller eingemauert. Da musste ich mit einem Holzspatel die Wäsche aus dem heißen Wasser nehmen – und dann in einen Trog mit kaltem Wasser schleudern. Das war vielleicht anstrengend.

Doch nach und nach konnten wir uns die Haushaltsgeräte leisten, die das Leben leichter machten. Wir haben alles mit Ratenkredit bezahlt. Und immer, wenn ein Gerät abbezahlt war, haben wir das Nächste gekauft Eine Rate war meist zwischen 40 und 60 Mark im Monat.

Ich erinnere mich noch an das erste Gerät: meine Wäscheschleuder. ›Goldstück‹ habe ich sie genannt. Das war plötzlich eine Erleichterung – ich musste die saubere Wäsche nicht mehr von Hand auswringen. Nein, ich konnte sie einfach in die Schleuder stecken, die die Arbeit für mich übernahm. »Mein Goldstück« - diesen Namen hat sie verdient, die Schleuder.

Irgendwann gab's einen Staubsauger. Der war von Siemens und das zweite Goldstück für mich. »Mehr Zeit für Freizeit«, hieß der Werbespruch. Es war eine große Erleichterung für mich, plötzlich die Wohnung saugen zu können.

Später haben wir noch eine Waschmaschine gekauft. Wir entschieden uns für eine Miele. Die Werbung ist mir heute noch im Ohr: ›Miele, Miele, sprach die Tante – die alle Waschmaschinen kannte.‹ Der Händler brachte die Maschine ins Haus. Wir haben alle Drumherum gestanden. Das war eine Sensation – eine eigene Waschmaschine! Noch ein Goldstück …«

Aktivierungen

Quizfrage

Welches Gerät vereinfachte ab den 1950er Jahren die Arbeit der Hausfrau?

- Waschmaschine
- Mikrowelle
- Geschirrspülmaschine

  Richtig ist: Waschmaschine

Hintergründe

Für die Hausfrauen war das eine große Erleichterung, denn die Waschtage waren bislang anstrengend, zeitraubend und sehr mühsam gewesen. Es gab auch Unternehmen, die Waschmaschinen tageweise an Privathaushalte ausliehen.

Gesprächsimpulse

Haushaltsgeräte

Welche Geräte erleichtern das Leben sonst noch?

Beispiele: Staubsauger, Nähmaschine, Haarfön, Bügeleisen, Wasserkocher, Elektroherd, Backofen, Geschirrspülmaschine, Kühlschrank, Gefriertruhe, Mixer …

Wäsche

- Wie lief das Wäschewaschen in Ihrer Kindheit ab?
- Seit wann haben Sie eine Waschmaschine?
- Was haben Sie von Hand gemacht?

- Gab es einen Waschtag?
- Wie wurde die Wäsche getrocknet?
- Wie haben Sie Teppiche gereinigt?

Bequem bezahlt

Herbert B. aus Mannheim hat erlebt, wie seine Familie dank eines Ratenkredits zu einem Fernseher kam. Jedenfalls fast ... Er erzählt: »Wir lebten in einer Vierzimmerwohnung mit zehn Personen – drei Generationen unter einem Dach. Mein Vater war ein einfacher Arbeiter, der jeden Tag in der Fabrik malochte.

Immer wieder kamen wir Kinder zu ihm: ›Papi, Papi, wir brauchen einen Fernseher.‹ Doch er zuckte immer nur mit den Achseln – trotz seiner harten Arbeit blieb für solche Anschaffungen kein Geld über.

Doch eines Tages beschlossen meine Eltern, einen Fernseher zu kaufen. Mithilfe eines Ratenkredits. Das war ein Fest für uns Kinder, als das Gerät geliefert wurde! Plötzlich stand ein Fernsehgerät im Wohnzimmer. Wir alle versammelten uns darum und staunten – obwohl es nur zwei Programme gab, das Bild schlecht war und rauschte. Doch wir besaßen einen Fernseher!

Na ja. So richtig gehörte uns der Fernseher noch nicht. Um das Geld einzutreiben, gab es eine clevere Erfindung am Gerät: Hinten befand sich eine schwarze Kassette mit einem Schlitz. Da mussten wir Geld hineinwerfen – Zwei-Mark-Stücke – und einen Hebel herunterdrücken. Es machte klick und das Geldstück stellte einen elektrischen Kontakt her – der Fernseher lief für eine Stunde. Dann machte es ratsch, das Geldstück fiel herunter und das Bild im Fernseher wurde schwarz.

Einmal pro Monat kam ein Angestellter vom Fernsehgeschäft bei uns vorbei. Er öffnete das Kästchen am Fernseher mit einem Schlüssel und nahm das Geld mit.

Ich habe mir das Kästchen dann einmal genauer angesehen. Und überlegt, dass es doch auch eine andere Lösung geben müsste. Und tatsächlich: Ich fand diese Lösung auch bald heraus. Drückte man den Hebel nur ganz sachte herunter, gab es nur ein leichtes ›Klick‹, das Geldstück blieb hängen und fiel nicht herab. So konnten wir stundenlang fernsehen.

Das war einerseits gut, andererseits schlecht. Gut war es, weil wir fernsehen konnten so lange wir wollten. Schlecht daran war, dass der Mann vom Fernsehgeschäft bald kein Geld mehr holen konnte. Darum dauerte es nicht lange – und sie holten den Fernseher wieder ab.«

Aktivierungen

Quizfrage

Welche Erfindung kurbelte das Wirtschaftswunder nachhaltig an?

- Waschmaschine
- Ratenzahlungskredit
- Reisepass

Richtig ist: Ratenzahlungskredit

Hintergründe

Kluge Lösung für klamme Kassen – 1950 wurde der Ratenkredit, damals »Teilzahlung« genannt, auch in Deutschland erlaubt. Die Teilzahlung wurde so salonfähig, dass ein großer Warenhauskonzern 1956 nur noch 30 Prozent Barzahler hatte (bei einem Umsatz von einer halben Milliarde DM). Der Ratenkredit kurbelte das Wirtschaftswunder in den 1950er-Jahren kräftig an. Nun konnten sich die Menschen das leisten, worauf sie sonst erst lange hätten sparen müssen.

Rechnen und schätzen

Was kostete wie viel?

Stellen Sie eine Rangliste auf.

Tipp: Vielleicht können Sie die entsprechenden Lebensmittel – oder Bilder davon – mitbringen und zeigen. Vielleicht finden Sie auch alte Mark- und Pfennigstücke, mit denen Sie die Beträge aufstapeln können?

- 500 Gramm Kartoffeln – 8 Pfennige
- 500 Gramm Sauerkraut – 30 Pfennige
- 500 Gramm Stachelbeeren – 70 Pfennige
- 500 Gramm Schweinebauch – 2,50 DM
- 500 Gramm Butter – 3,20 DM

Rechenaufgaben

Bringen Sie Geldstücke mit. Stellen Sie dazu einfache Rechenaufgaben. Zum Beispiel, indem Sie die Geldstücke auf den Tisch legen und zusammen zählen lassen. Alternativ können Sie auch Geldstücke in Säckchen aus Stoff packen und ertasten oder sogar abzählen lassen. Als schwierige Alternative können Sie anspruchsvollere Aufgaben stellen. Beispiel: Wie viele Münzen braucht man mindestens, um zwei Mark und 55 Pfennige auf den Tisch legen zu können?

Literatur

Bangert, Albrecht. *Die 50er Jahre. Möbel und Ambiente, Design und Kunsthandwerk*. 2. Auflage. Wilhelm Heyne Verlag.

Blecher, Helmut. *In die Berge, an die See. Unser erster Urlaub in den 50er und 60er Jahren*. Wartberg Verlag.

Dingemann, Rüdiger & Lüdde, Renate. *Das waren noch Zeiten! Deutschland in den 50er-Jahren*. Bucher.

Eurich, Georg. *Auf dem Lande. Fotografien aus den 50er Jahren*. 2. Aufl. Wartberg Verlag.

Faulstich, Werner. *Die Kultur der 50er Jahre. Kulturgeschichte des 20. Jahrhunderts*. Wilhelm Fink Verlag.

Günther, Sonja. *Die fünfziger Jahre. Innenarchitektur und Wohndesign*. Deutsche Verlags-Anstalt.

Hense, Margerita. *Die 50er Jahre. Extragroße Fotokarten zur Biographiearbeit*. Don Bosco.

Hornbostel, Wilhelm & Jockel, Nils. (Hg.) Käfer: Der Erfolkswagen. Nutzen, Alltag. Mythos. Prestel.

Hügel, Hans-Otto & Zeisler, Gert. *Die süßesten Früchte. Die Schlager aus den Fünfzigern*. Ullstein Sachbuch.

Karasek, Hellmuth. *Go West. Eine Biographie der 50er Jahre*. 4. Aufl. Hoffmann und Campe.

Koch, Thilo. *Deutschland war teilbar. Die fünfziger Jahre*. Deutsche Verlags-Anstalt.

Kordon, Klaus (Hg.). …Wir haben halt einfach zugepackt. Mit Volldampf ins Wirtschaftswunder!

Mögenburg, Harm. *Kalter Krieg und Wirtschaftswunder. Die Fünfziger Jahre im geteilten Deutschland (1949–1961)*. Verlag Moritz Diesterweg.

Müller, Titus. *Der Tag X. Roman über den Aufstand vom 17. Juni 1953*, Random House.

Railton, Arthur. *Der Käfer. Der ungewöhnliche Weg eines ungewöhnlichen Automobils.*

Ruhl, Klaus-Jörg (Hg.). *Mein Gott, was soll aus Deutschland werden. Die Adenauer-Ära 1949–1963.*

Wodarz, Corinna. *Mutters ganzer Stolz. Unser Haushalt in den 50er und 60er Jahren*. 2. Aufl. Wartberg Verlag.

FSC
www.fsc.org
MIX
Papier | Fördert gute Waldnutzung
FSC® C083411

Zeitfracht Medien GmbH
Ferdinand-Jühlke-Straße 7
99095 Erfurt, Deutschland
produktsicherheit@kolibri360.de